Sabores de Asia 2023
Delicias Culinarias de Oriente

Ana Chen

Tabla de contenido

Introducción *10*
   Cerdo Estofado Picante *11*
   Bollos De Cerdo Al Vapor *12*
   cerdo con col *14*
   Cerdo Con Col Y Tomates *16*
   Cerdo Marinado Con Col *17*
   Cerdo con Apio *19*
   Cerdo con Castañas y Champiñones *20*
   Chop Suey De Cerdo *21*
   Carne de cerdo Chow Mein *22*
   Chow mein de cerdo asado *24*
   cerdo con chutney *25*
   cerdo con pepino *26*
   Paquetes de cerdo crujientes *27*
   Rollos de huevo de cerdo *28*
   Rollitos De Huevo De Cerdo Y Gambas *29*
   Cerdo Estofado Con Huevos *30*
   Cerdo Ardiente *31*
   Filete De Cerdo Frito *33*
   Cerdo a las cinco especias *33*
   Cerdo fragante estofado *34*
   Cerdo Con Ajo Picado *35*
   Cerdo salteado con jengibre *37*
   Cerdo Con Judías Verdes *38*
   Cerdo Con Jamón Y Tofu *39*
   Brochetas De Cerdo Fritas *41*
   Codillo de Cerdo Braseado en Salsa Roja *42*
   Cerdo Marinado *44*
   Chuletas De Cerdo Marinadas *45*
   cerdo con champiñones *46*
   Pastel de carne al vapor *47*
   Cerdo Cocido Rojo Con Champiñones *48*

Panqueque De Cerdo Con Fideos 49
Cerdo y Langostinos con Tortita de Fideos 50
Cerdo Con Salsa De Ostras 51
cerdo con maní 52
cerdo con pimientos 54
Cerdo picante con pepinillos 55
Cerdo Con Salsa De Ciruelas 56
Cerdo con Gambas 57
Cerdo Cocido Rojo 58
Cerdo en Salsa Roja 59
Cerdo con Fideos de Arroz 61
Ricas Bolas De Cerdo 63
Chuletas De Cerdo Asado 64
cerdo especiado 65
Rebanadas de cerdo resbaladizas 66
Cerdo Con Espinacas Y Zanahorias 67
cerdo al vapor 68
Cerdo salteado 69
Cerdo Con Patatas Dulces 70
Cerdo agridulce 71
cerdo salado 72
cerdo con tofu 73
Cerdo Frito 74
Cerdo Cocido Dos Veces 75
Cerdo con Verduras 76
Cerdo con Nueces 77
Wonton de cerdo 78
Cerdo con Castañas de Agua 79
Wontons de cerdo y gambas 80
Albóndigas picadas al vapor 81
Costillas de cerdo con salsa de frijoles negros 82
Costillas a la parrilla 83
Costillas de cerdo asadas con arce 84
Costillas de cerdo fritas 85
Costillas de cerdo con puerros 86
Costillas de cerdo con champiñones 87

Costillas a la Naranja 88
Costillas de cerdo con piña 89
Costillas de cerdo crujientes 91
Costillas de cerdo con vino de arroz 91
Costillas de cerdo con semillas de sésamo 92
Dulces y Suaves Spareribs 94
Costillas de cerdo salteadas 95
Costillas de cerdo con tomate 96
Cerdo Asado A La Barbacoa 97
Cerdo Frío a la Mostaza 98
cerdo asado chino 100
cerdo con espinacas 101
Bolas De Cerdo Fritas 102
Rollitos De Huevo De Cerdo Y Gambas 103
Cerdo picado al vapor 104
Cerdo frito con carne de cangrejo 105
Cerdo Con Brotes De Soja 106
cerdo borracho 107
Pierna de cerdo al vapor 108
Cerdo asado salteado con verduras 110
Cerdo Cocido Dos Veces 111
Riñones De Cerdo Con Mangetout 112
Jamón Cocido Rojo con Castañas 113
Bolas De Huevo Y Jamón Fritas 114
jamón y piña 115
Salteado De Jamón Y Espinacas 116
Salteado de pollo simple 118
Pollo En Salsa De Tomate 119
pollo con tomates 120
Pollo Escalfado Con Tomates 121
Pollo Y Tomates Con Salsa De Frijoles Negros 122
Pollo Cocido Rápido Con Verduras 123
Pollo a la nuez 124
Pollo con Nueces 125
Pollo con Castañas de Agua 126
Pollo salado con castañas de agua 127

wontones de pollo *128*
Alitas De Pollo Crujientes *129*
Alitas de pollo con cinco especias *130*
Alitas De Pollo Marinadas *131*
Alitas de pollo reales *133*
Alitas de pollo especiadas.. *134*
Muslos De Pollo A La Barbacoa *135*
Muslos De Pollo Hoisin *136*
Pollo Estofado.. *137*
Pollo frito crujiente... *138*
Pollo entero frito... *139*
Pollo a las cinco especias... *140*
Pollo con Cebolleta y Jengibre... *142*
pollo escalfado... *143*
Pollo Cocido Rojo.. *144*
Pollo especiado cocido al rojo *145*
Pollo asado con sésamo... *146*
Pollo en Salsa de Soya... *147*
pollo al vapor.. *148*
Pollo al Vapor con Anís *149*
Pollo con sabor extraño.. *150*
Trozos de pollo crujientes... *151*
Pollo Con Judías Verdes.. *152*
Pollo Cocido Con Piña *153*
Pollo Con Pimientos Y Tomates *154*
Pollo al sésamo *155*
Pollitos Fritos *156*
pavo con tirabeques *157*
pavo con pimientos *159*
Pavo asado chino.. *161*
Pavo con Nueces y Champiñones *162*
Pato con Brotes de Bambú... *163*
Pato con Brotes de Soja.. *164*
Pato estofado *165*
Pato al vapor con apio... *166*
pato con jengibre *167*

Pato con Judías Verdes.. 168
Pato al vapor frito... 169
Pato con Frutas Exóticas... 170
Pato Estofado con Hojas Chinas 172
pato borracho 173
Pato de cinco especias.. 174
Pato salteado con jengibre 175
Pato con Jamón y Puerros.. 176
Pato asado a la miel 177
Pato asado húmedo.. 178
Pato salteado con champiñones 179
Pato con Dos Champiñones... 181
Pato Estofado Con Cebolla 182
Pato a la Naranja 184
Pato asado a la naranja.. 185
Pato con Peras y Castañas 186
Pato Pekín... 187
Pato Estofado Con Piña 189
Pato salteado con piña 190
Pato de piña y jengibre 191
Pato con Piña y Lichis 192
Pato con Cerdo y Castañas 193
Pato con Patatas 194
Pato Cocido Rojo.. 196
Arroz Vino Pato Asado 197
Pato al Vapor con Vino de Arroz.. 198
pato salado... 199
Pato salado con judías verdes 200
Pato a fuego lento 201
Pato salteado 204
Pato con Patatas Dulces 205
Pato agridulce... 207
pato mandarina... 208
Pato con Verduras 209
Pato salteado con verduras 211
Pato Cocido Blanco.. 212

Pato al Vino *213*
Pato al vapor de vino *214*
faisán frito *215*
Faisán con Almendras *216*
Ciervo con Hongos Secos *217*
huevos salados *218*
huevos de soja *219*
huevos de te *220*
flan de huevo *221*
huevos al vapor *222*

Introducción

Todos los que aman cocinar, aman experimentar con nuevos platos y nuevas sensaciones gustativas. La cocina china se ha vuelto inmensamente popular en los últimos años porque ofrece una gama diferente de sabores para disfrutar. La mayoría de los platos se cocinan sobre la estufa, y muchos se preparan y cocinan rápidamente, por lo que son ideales para el cocinero ocupado que quiere crear un plato apetitoso y atractivo cuando hay poco tiempo libre. Si realmente disfrutas de la cocina china, probablemente ya tengas un wok, y este es el utensilio perfecto para cocinar la mayoría de los platos del libro. Si aún no te has convencido de que este estilo de cocina es para ti, utiliza una buena sartén o cazo para probar las recetas. Cuando descubras lo fáciles que son de preparar y lo sabrosos que son para comer, seguramente querrás invertir en un wok para tu cocina.

Cerdo Estofado Picante

Para 4 personas

450 g/1 libra de carne de cerdo, cortada en cubitos

sal y pimienta

30 ml/2 cucharadas de salsa de soja

30 ml/2 cucharadas de salsa hoisin

45 ml/3 cucharadas de aceite de cacahuete (maní)

120 ml/4 fl oz/½ taza de vino de arroz o jerez seco

300 ml/½ pt/1¼ tazas de caldo de pollo

5 ml/1 cucharadita de polvo de cinco especias

6 cebolletas (cebolletas), picadas

225 g/8 oz de champiñones ostra, en rodajas

15 ml/1 cucharada de harina de maíz (fécula de maíz)

Sasona la carne con sal y pimienta. Colocar en un plato y mezclar con la salsa de soya y la salsa hoisin. Tapar y dejar marinar durante 1 hora. Calienta el aceite y saltea la carne hasta que esté dorada. Agregue el vino o el jerez, el caldo y el polvo de cinco especias, hierva, cubra y cocine a fuego lento durante 1 hora. Agregue las cebolletas y los champiñones, retire la tapa y cocine a fuego lento durante 4 minutos más. Mezcle la harina de maíz con un poco de agua, vuelva a hervir y cocine a fuego lento, revolviendo, durante 3 minutos hasta que la salsa espese.

Bollos De Cerdo Al Vapor

hace 12

30 ml/2 cucharadas de salsa hoisin
15 ml/1 cucharada de salsa de ostras
15 ml/1 cucharada de salsa de soja
2,5 ml/½ cucharadita de aceite de sésamo
30 ml/2 cucharadas de aceite de maní (maní)
10 ml/2 cucharaditas de raíz de jengibre rallada
1 diente de ajo, machacado
300 ml/½ pinta/1 ¼ tazas de agua
15 ml/1 cucharada de harina de maíz (fécula de maíz)
225 g/8 oz de carne de cerdo cocida, finamente picada
4 cebolletas (cebolletas), finamente picadas
350 g/12 oz/3 tazas de harina normal (para todo uso)
15 ml/1 cucharada de levadura en polvo
2,5 ml/½ cucharadita de sal
50 g/2 oz/½ taza de manteca de cerdo
5 ml/1 cucharadita de vinagre de vino
Cuadrados de papel vegetal de 12 x 13 cm/5 pulgadas

Mezcle las salsas hoisin, ostra y soja y el aceite de sésamo. Calienta el aceite y fríe el jengibre y el ajo hasta que estén ligeramente dorados. Agrega la mezcla de salsa y fríe por 2 minutos. Mezcle 120 ml/4 fl oz/½ taza de agua con la harina de maíz y revuélvala en la sartén. Llevar a ebullición, revolviendo, luego cocine a fuego lento hasta que la mezcla espese. Agregue el cerdo y las cebollas y luego deje enfriar.

Mezclar la harina, el polvo de hornear y la sal. Frote la manteca de cerdo hasta que la mezcla parezca pan rallado fino. Mezcle el vinagre de vino y el agua restante y luego mézclelo con la harina para formar una masa firme. Amasar ligeramente sobre una superficie enharinada, luego tapar y dejar reposar durante 20 minutos.

Vuelva a amasar la masa, luego divídala en 12 y forme una bola con cada una. Estirar a 15 cm/6 en círculos sobre una superficie enharinada. Coloque cucharadas del relleno en el centro de cada círculo, cepille los bordes con agua y junte los bordes para sellar alrededor del relleno. Cepille un lado de cada cuadrado de papel vegetal con aceite. Coloque cada bollo en un cuadrado de papel, con la costura hacia abajo. Coloque los bollos en una sola capa sobre una rejilla de vapor sobre agua hirviendo. Cubra y cocine al vapor los bollos durante unos 20 minutos hasta que estén cocidos.

cerdo con col

Para 4 personas

6 hongos chinos secos
30 ml/2 cucharadas de aceite de maní (maní)
450 g/1 lb de carne de cerdo, cortada en tiras
2 cebollas, en rodajas
2 pimientos rojos, cortados en tiras
350 g/12 oz col blanca, rallada
2 dientes de ajo, picados
2 piezas de tallo de jengibre, picado
30 ml/2 cucharadas de miel
45 ml/3 cucharadas de salsa de soja
120 ml/4 fl oz/½ taza de vino blanco seco
sal y pimienta
10 ml/2 cucharaditas de harina de maíz (fécula de maíz)
15 ml/1 cucharada de agua

Remoje los champiñones en agua tibia durante 30 minutos y luego escúrralos. Deseche los tallos y corte las tapas. Calienta el aceite y fríe el cerdo hasta que esté ligeramente dorado. Agregue las verduras, el ajo y el jengibre y saltee durante 1 minuto. Agrega la miel, la salsa de soya y el vino, lleva a ebullición, tapa y cocina a fuego lento durante 40 minutos hasta que la carne esté cocida. Condimentar con sal y pimienta. Mezcle la harina de maíz y el agua y revuélvalos en la sartén. Lleve a ebullición, revolviendo continuamente, luego cocine a fuego lento durante 1 minuto.

Cerdo Con Col Y Tomates

Para 4 personas

30 ml/2 cucharadas de aceite de maní (maní)
450 g/1 libra de carne magra de cerdo, cortada en tiras
sal y pimienta recién molida
1 diente de ajo, machacado
1 cebolla, finamente picada
½ repollo, rallado
450 g/1 libra de tomates, pelados y cortados en cuartos
250 ml/8 fl oz/1 taza de caldo
30 ml/2 cucharadas de harina de maíz (fécula de maíz)
15 ml/1 cucharada de salsa de soja
60 ml/4 cucharadas de agua

Calienta el aceite y fríe la carne de cerdo, la sal, la pimienta, el ajo y la cebolla hasta que estén ligeramente doradas. Agregue el repollo, los tomates y el caldo, hierva, cubra y cocine a fuego lento durante 10 minutos hasta que el repollo esté tierno. Mezcle la harina de maíz, la salsa de soya y el agua hasta obtener una pasta, revuélvala en la sartén y cocine a fuego lento, revolviendo, hasta que la salsa se aclare y espese.

Cerdo Marinado Con Col

Para 4 personas

350 g/12 oz de panceta de cerdo

2 cebolletas (cebolletas), picadas

1 rodaja de raíz de jengibre, picada

1 rama de canela

3 dientes de anís estrellado

45 ml/3 cucharadas de azúcar moreno

600 ml/1 pt/2½ tazas de agua

15 ml/1 cucharada de aceite de cacahuete (maní)

15 ml/1 cucharada de salsa de soja

5 ml/1 cucharadita puré de tomate (pasta)

5 ml/1 cucharadita de salsa de ostras

100 g/4 oz corazones de col china

100 g/4 oz pak choi

Corte la carne de cerdo en trozos de 10 cm/4 pulgadas y colóquela en un bol. Añadir las cebolletas, el jengibre, la canela, el anís estrellado, el azúcar y el agua y dejar reposar durante 40 minutos. Calienta el aceite, saca el cerdo de la marinada y añádelo a la sartén. Freír hasta que estén ligeramente dorados y luego agregar la salsa de soja, el puré de tomate y la salsa de ostras. Lleve a ebullición y cocine a fuego lento durante unos 30 minutos hasta que el cerdo esté tierno y el líquido se haya reducido, agregando un poco más de agua durante la cocción, si es necesario.

Mientras tanto, cocine al vapor los corazones de repollo y el pak choi sobre agua hirviendo durante unos 10 minutos hasta que estén tiernos. Colóquelos en un plato de servir caliente, cubra con la carne de cerdo y cubra con una cuchara la salsa.

Cerdo con Apio

Para 4 personas

45 ml/3 cucharadas de aceite de cacahuete (maní)
1 diente de ajo, machacado
1 cebolla tierna (cebollín), picada
1 rodaja de raíz de jengibre, picada
225 g/8 oz de carne magra de cerdo, cortada en tiras
100 g/4 oz de apio, en rodajas finas
45 ml/3 cucharadas de salsa de soja
15 ml/1 cucharada de vino de arroz o jerez seco
5 ml/1 cucharadita de harina de maíz (fécula de maíz)

Calienta el aceite y fríe el ajo, la cebolla tierna y el jengibre hasta que estén ligeramente dorados. Agregue la carne de cerdo y saltee durante 10 minutos hasta que esté dorada. Agregue el apio y saltee durante 3 minutos. Agregue los ingredientes restantes y saltee durante 3 minutos.

Cerdo con Castañas y Champiñones

Para 4 personas

4 hongos chinos secos
100 g/4 oz/1 taza de castañas
30 ml/2 cucharadas de aceite de maní (maní)
2,5 ml/½ cucharadita de sal
450 g/1 libra de carne magra de cerdo, en cubos
15 ml/1 cucharada de salsa de soja
375 ml/13 fl oz/1½ tazas de caldo de pollo
100 g/4 oz castañas de agua, en rodajas

Remoje los champiñones en agua tibia durante 30 minutos y luego escúrralos. Deseche los tallos y corte las tapas por la mitad. Blanquear las castañas en agua hirviendo durante 1 minuto y luego escurrir. Caliente el aceite y la sal, luego fría el cerdo hasta que esté ligeramente dorado. Añadir la salsa de soja y saltear durante 1 minuto. Añadir el caldo y hervirlo. Agregue las castañas y las castañas de agua, vuelva a hervir, cubra y cocine a fuego lento durante aproximadamente 1 hora y media hasta que la carne esté tierna.

Chop Suey De Cerdo

Para 4 personas

100 g/4 oz de brotes de bambú cortados en tiras
100 g/4 oz de castañas de agua, en rodajas finas
60 ml/4 cucharadas de aceite de cacahuete (maní)
3 cebolletas (cebolletas), picadas
2 dientes de ajo, triturados
1 rodaja de raíz de jengibre, picada
225 g/8 oz de carne magra de cerdo, cortada en tiras
45 ml/3 cucharadas de salsa de soja
15 ml/1 cucharada de vino de arroz o jerez seco
5 ml/1 cucharadita de sal
5 ml/1 cucharadita de azúcar
pimienta recién molida
15 ml/1 cucharada de harina de maíz (fécula de maíz)

Blanquear los brotes de bambú y las castañas de agua en agua hirviendo durante 2 minutos, luego escurrir y secar. Calentar 45 ml/3 cucharadas de aceite y sofreír las cebolletas, el ajo y el jengibre hasta que estén ligeramente dorados. Agregue la carne de cerdo y saltee durante 4 minutos. Retire de la sartén.

Calienta el aceite restante y saltea las verduras durante 3 minutos. Añadir la carne de cerdo, la salsa de soja, el vino o jerez, la sal, el azúcar y una pizca de pimienta y saltear durante 4 minutos. Mezcle la harina de maíz con un poco de agua, revuélvala en la sartén y cocine a fuego lento, revolviendo, hasta que la salsa se aclare y espese.

Carne de cerdo Chow Mein

Para 4 personas

4 hongos chinos secos

30 ml/2 cucharadas de aceite de maní (maní)

2,5 ml/½ cucharadita de sal

4 cebolletas (cebolletas), picadas

225 g/8 oz de carne magra de cerdo, cortada en tiras

15 ml/1 cucharada de salsa de soja

5 ml/1 cucharadita de azúcar

3 tallos de apio, picados

1 cebolla, cortada en gajos

100 g/4 oz de champiñones, cortados por la mitad
120 ml/4 fl oz/½ taza de caldo de pollo
fideos fritos

Remoje los champiñones en agua tibia durante 30 minutos y luego escúrralos. Deseche los tallos y corte las tapas. Calentar el aceite y la sal y sofreír las cebolletas hasta que se ablanden. Agregue la carne de cerdo y fría hasta que esté ligeramente dorada. Mezcle la salsa de soja, el azúcar, el apio, la cebolla y los champiñones frescos y secos y saltee durante unos 4 minutos hasta que los ingredientes estén bien mezclados. Agregue el caldo y cocine a fuego lento durante 3 minutos. Agregue la mitad de los fideos a la sartén y revuelva suavemente, luego agregue los fideos restantes y revuelva hasta que se calienten.

Chow mein de cerdo asado

Para 4 personas

100 g/4 oz de brotes de soja

45 ml/3 cucharadas de aceite de cacahuete (maní)

100 g/4 oz col china, rallada

225 g/8 oz de cerdo asado, rebanado

5 ml/1 cucharadita de sal

15 ml/1 cucharada de vino de arroz o jerez seco

Blanquear los brotes de soja en agua hirviendo durante 4 minutos y luego escurrir. Caliente el aceite y saltee los brotes de soja y el repollo hasta que se ablanden. Agregue la carne de cerdo, la sal y el jerez y saltee hasta que se caliente por completo. Agregue la mitad de los fideos escurridos a la sartén y revuelva suavemente hasta que se caliente. Agregue los fideos restantes y revuelva hasta que se caliente.

cerdo con chutney

Para 4 personas

5 ml/1 cucharadita de polvo de cinco especias
5 ml/1 cucharadita de curry en polvo
450 g/1 lb de carne de cerdo, cortada en tiras
30 ml/2 cucharadas de aceite de maní (maní)
6 cebolletas (cebolletas), cortadas en tiras
1 rama de apio, cortado en tiras
100 g/4 oz de brotes de soja
1 bote de 200 g/7 oz de pepinillos dulces chinos cortados en cubitos
45 ml/3 cucharadas de chutney de mango

30 ml/2 cucharadas de salsa de soja
30 ml/2 cucharadas de puré de tomate (pasta)
150 ml/¼ pt/½ taza generosa de caldo de pollo
10 ml/2 cucharaditas de harina de maíz (fécula de maíz)

Frote bien las especias en el cerdo. Caliente el aceite y saltee la carne durante 8 minutos o hasta que esté cocida. Retire de la sartén. Agregue las verduras a la sartén y saltee durante 5 minutos. Regrese la carne de cerdo a la sartén con todos los ingredientes restantes excepto la harina de maíz. Revuelva hasta que se caliente. Mezcle la harina de maíz con un poco de agua, revuélvala en la sartén y cocine a fuego lento, revolviendo, hasta que la salsa espese.

cerdo con pepino

Para 4 personas

225 g/8 oz de carne magra de cerdo, cortada en tiras
30 ml/2 cucharadas de harina normal (para todo uso)
sal y pimienta recién molida
60 ml/4 cucharadas de aceite de cacahuete (maní)
225 g/8 oz de pepino, pelado y rebanado
30 ml/2 cucharadas de salsa de soja

Mezcle la carne de cerdo en la harina y sazone con sal y pimienta. Caliente el aceite y saltee la carne de cerdo durante unos 5 minutos hasta que esté cocida. Agregue el pepino y la salsa de soja y saltee durante 4 minutos más. Revisar y rectificar la sazón y servir con arroz frito.

Paquetes de cerdo crujientes

Para 4 personas

4 hongos chinos secos

30 ml/2 cucharadas de aceite de maní (maní)

225 g/8 oz filete de cerdo, picado (molido)

50 g/2 oz de gambas peladas, picadas

15 ml/1 cucharada de salsa de soja

15 ml/1 cucharada de harina de maíz (fécula de maíz)
30 ml/2 cucharadas de agua
8 envoltorios de rollitos de primavera
100 g/4 oz/1 taza de harina de maíz (fécula de maíz)
aceite para freír

Remoje los champiñones en agua tibia durante 30 minutos y luego escúrralos. Desechar los tallos y picar finamente los sombreros. Calienta el aceite y fríe los champiñones, el cerdo, las gambas y la salsa de soja durante 2 minutos. Mezcle la harina de maíz y el agua hasta obtener una pasta y revuelva en la mezcla para hacer el relleno.

Cortar los envoltorios en tiras, colocar un poco de relleno en el extremo de cada uno y enrollar en triángulos, sellando con un poco de mezcla de harina y agua. Espolvorear generosamente con harina de maíz. Caliente el aceite y fría los triángulos hasta que estén crujientes y dorados. Escurrir bien antes de servir.

Rollos de huevo de cerdo

Para 4 personas
225 g/8 oz de carne de cerdo magra, desmenuzada
1 rodaja de raíz de jengibre, picada
1 cebolleta, picada

15 ml/1 cucharada de salsa de soja

15 ml/1 cucharada de agua

12 pieles de rollo de huevo

1 huevo batido

aceite para freír

Mezcle la carne de cerdo, el jengibre, la cebolla, la salsa de soya y el agua. Colocar un poco del relleno en el centro de cada piel y pintar los bordes con huevo batido. Dobla los lados y luego rueda el rollo de huevo hacia afuera, sellando los bordes con el huevo. Cocine al vapor sobre una rejilla en una vaporera durante 30 minutos hasta que el cerdo esté cocido. Calentar el aceite y freír durante unos minutos hasta que estén crujientes y doradas.

Rollitos De Huevo De Cerdo Y Gambas

Para 4 personas

30 ml/2 cucharadas de aceite de maní (maní)

225 g/8 oz de carne de cerdo magra, desmenuzada

6 cebolletas (cebolletas), picadas

225 g/8 oz de brotes de soja

100 g/4 oz de gambas peladas, picadas

15 ml/1 cucharada de salsa de soja

2,5 ml/½ cucharadita de sal

12 pieles de rollo de huevo

1 huevo batido

aceite para freír

Calienta el aceite y fríe el cerdo y las cebolletas hasta que estén ligeramente dorados. Mientras tanto, escaldar los brotes de soja en agua hirviendo durante 2 minutos y luego escurrir. Agregue los brotes de soja a la sartén y saltee durante 1 minuto. Añadir las gambas, la salsa de soja y la sal y saltear durante 2 minutos. Dejar enfriar.

Colocar un poco de relleno en el centro de cada piel y pintar los bordes con huevo batido. Dobla los lados y luego enrolla los rollos de huevo, sellando los bordes con huevo. Calienta el aceite y fríe los rollitos de huevo hasta que estén dorados y crujientes.

Cerdo Estofado Con Huevos

Para 4 personas

450 g/1 libra de carne magra de cerdo

30 ml/2 cucharadas de aceite de maní (maní)

1 cebolla, picada

90 ml/6 cucharadas de salsa de soja

45 ml/3 cucharadas de vino de arroz o jerez seco

15 ml/1 cucharada de azúcar moreno

3 huevos duros (cocidos)

Ponga a hervir una cacerola con agua, agregue la carne de cerdo, vuelva a hervir y hierva hasta que se selle. Retirar de la sartén, escurrir bien y cortar en cubos. Calienta el aceite y fríe la cebolla hasta que se ablande. Agregue la carne de cerdo y saltee hasta que esté ligeramente dorada. Agregue la salsa de soja, el vino o el jerez y el azúcar, cubra y cocine a fuego lento durante 30 minutos, revolviendo ocasionalmente. Marque ligeramente el exterior de los huevos, luego agréguelos a la sartén, cubra y cocine a fuego lento durante 30 minutos más.

Cerdo Ardiente

Para 4 personas

450 g/1 lb de filete de cerdo cortado en tiras

30 ml/2 cucharadas de salsa de soja

30 ml/2 cucharadas de salsa hoisin

5 ml/1 cucharadita de polvo de cinco especias

15 ml/1 cucharada de pimienta

15 ml/1 cucharada de azúcar moreno

15 ml/1 cucharada de aceite de sésamo

30 ml/2 cucharadas de aceite de maní (maní)

6 cebolletas (cebolletas), picadas

1 pimiento verde, cortado en trozos

200 g/7 oz de brotes de soja

2 rebanadas de piña, cortadas en cubitos

45 ml/3 cucharadas de salsa de tomate (ketchup)

150 ml/¼ pt/½ taza generosa de caldo de pollo

Coloque la carne en un tazón. Mezclar la salsa de soja, la salsa hoisin, el polvo de cinco especias, la pimienta y el azúcar, verter sobre la carne y dejar marinar durante 1 hora. Calienta los aceites y saltea la carne hasta que esté dorada. Retire de la sartén. Añadir las verduras y sofreír durante 2 minutos. Añadir la piña, el ketchup de tomate y el caldo y llevar a ebullición. Regrese la carne a la sartén y caliente antes de servir.

Filete De Cerdo Frito

Para 4 personas

350 g/12 oz filete de cerdo, en cubos
15 ml/1 cucharada de vino de arroz o jerez seco
15 ml/1 cucharada de salsa de soja
5 ml/1 cucharadita de aceite de sésamo
30 ml/2 cucharadas de harina de maíz (fécula de maíz)
aceite para freír

Mezcle la carne de cerdo, el vino o el jerez, la salsa de soya, el aceite de sésamo y la harina de maíz para que la carne de cerdo quede cubierta con una masa espesa. Calentar el aceite y freír la carne de cerdo durante unos 3 minutos hasta que esté crujiente. Retire el cerdo de la sartén, vuelva a calentar el aceite y fríalo de nuevo durante unos 3 minutos.

Cerdo a las cinco especias

Para 4 personas

225 g/8 oz de carne magra de cerdo
5 ml/1 cucharadita de harina de maíz (fécula de maíz)

2,5 ml/½ cucharadita de cinco especias en polvo
2,5 ml/½ cucharadita de sal
15 ml/1 cucharada de vino de arroz o jerez seco
20 ml/2 cucharadas de aceite de maní (maní)
120 ml/4 fl oz/½ taza de caldo de pollo

Cortar la carne de cerdo finamente contra el grano. Mezcle la carne de cerdo con la harina de maíz, el polvo de cinco especias, la sal y el vino o el jerez y revuelva bien para cubrir la carne de cerdo. Dejar reposar durante 30 minutos, revolviendo ocasionalmente. Caliente el aceite, agregue la carne de cerdo y saltee durante unos 3 minutos. Agregue el caldo, lleve a ebullición, cubra y cocine a fuego lento durante 3 minutos. Servir inmediatamente.

Cerdo fragante estofado

Sirve 6–8

1 trozo de piel de mandarina

45 ml/3 cucharadas de aceite de cacahuete (maní)
900 g/2 lb de carne magra de cerdo, en cubos
250 ml/8 fl oz/1 taza de vino de arroz o jerez seco
120 ml/4 fl oz/½ taza de salsa de soya
2,5 ml/½ cucharadita de polvo de anís
½ rama de canela
4 clavos
5 ml/1 cucharadita de sal
250 ml/8 fl oz/1 taza de agua
2 cebolletas (cebolletas), en rodajas
1 rodaja de raíz de jengibre, picada

Remoje la cáscara de mandarina en agua mientras prepara el plato. Calienta el aceite y fríe el cerdo hasta que esté ligeramente dorado. Añadir el vino o jerez, la salsa de soja, el anís en polvo, la canela, el clavo, la sal y el agua. Llevar a ebullición, añadir la piel de mandarina, la cebolleta y el jengibre. Cubra y cocine a fuego lento durante aproximadamente 1½ horas hasta que estén tiernos, revolviendo ocasionalmente y agregando un poco de agua hirviendo adicional si es necesario. Retire las especias antes de servir.

Cerdo Con Ajo Picado

Para 4 personas

450 g/1 lb panceta de cerdo, sin piel

3 rodajas de raíz de jengibre

2 cebolletas (cebolletas), picadas

30 ml/2 cucharadas de ajo picado

30 ml/2 cucharadas de salsa de soja

5 ml/1 cucharadita de sal

15 ml/1 cucharada de caldo de pollo

2,5 ml/½ cucharadita de aceite de chile

4 ramitas de cilantro

Coloque la carne de cerdo en una sartén con el jengibre y las cebolletas, cubra con agua, lleve a ebullición y cocine a fuego lento durante 30 minutos hasta que esté bien cocido. Retirar y escurrir bien, luego cortar en rodajas finas de unos 5 cm/2 en cuadrado. Disponer las rodajas en un colador de metal. Ponga a hervir una olla con agua, agregue las rebanadas de cerdo y cocine por 3 minutos hasta que se caliente por completo. Disponer en un plato de servir caliente. Mezcle el ajo, la salsa de soya, la sal, el caldo y el aceite de chile y vierta sobre el cerdo. Servir adornado con cilantro.

Cerdo salteado con jengibre

Para 4 personas

225 g/8 oz de carne magra de cerdo
5 ml/1 cucharadita de harina de maíz (fécula de maíz)
30 ml/2 cucharadas de salsa de soja
30 ml/2 cucharadas de aceite de maní (maní)
1 rodaja de raíz de jengibre, picada
1 cebolla tierna (cebollín), en rodajas
45 ml/3 cucharadas de agua
5 ml/1 cucharadita de azúcar moreno

Cortar la carne de cerdo finamente contra el grano. Agregue harina de maíz, luego espolvoree con salsa de soja y revuelva nuevamente. Caliente el aceite y saltee la carne de cerdo durante 2 minutos hasta que se selle. Agregue el jengibre y la cebolla tierna y saltee durante 1 minuto. Agregue el agua y el azúcar, cubra y cocine a fuego lento durante unos 5 minutos hasta que esté bien cocido.

Cerdo Con Judías Verdes

Para 4 personas

450 g/1 lb de judías verdes cortadas en trozos
30 ml/2 cucharadas de aceite de maní (maní)
2,5 ml/½ cucharadita de sal
1 rodaja de raíz de jengibre, picada
225 g/8 oz de carne de cerdo magra, picada (molida)
120 ml/4 fl oz/½ taza de caldo de pollo
75 ml/5 cucharadas de agua
2 huevos
15 ml/1 cucharada de harina de maíz (fécula de maíz)

Sancoche los frijoles durante unos 2 minutos y luego escúrralos. Calentar el aceite y sofreír la sal y el jengibre durante unos segundos. Agregue la carne de cerdo y saltee hasta que esté ligeramente dorada. Agregue los frijoles y saltee durante 30 segundos, cubriendo con el aceite. Agregue el caldo, hierva, cubra y cocine a fuego lento durante 2 minutos. Batir 30 ml/2 cucharadas de agua con los huevos y revolverlos en la sartén. Mezclar el agua restante con la harina de maíz. Cuando los huevos comiencen a cuajar, agregue la harina de maíz y cocine hasta que la mezcla espese. Servir inmediatamente.

Cerdo Con Jamón Y Tofu

Para 4 personas

4 hongos chinos secos
5 ml/1 cucharadita de aceite de cacahuete (maní)
100 g/4 oz de jamón ahumado, rebanado
225 g/8 oz tofu, rebanado
225 g/8 oz de carne de cerdo magra, en rodajas
15 ml/1 cucharada de vino de arroz o jerez seco
sal y pimienta recién molida
1 rodaja de raíz de jengibre, picada
1 cebolla tierna (cebollín), picada
10 ml/2 cucharaditas de harina de maíz (fécula de maíz)
30 ml/2 cucharadas de agua

Remoje los champiñones en agua tibia durante 30 minutos y luego escúrralos. Deseche los tallos y corte las tapas por la mitad. Frote un recipiente resistente al calor con el aceite de maní (maní). Coloque los champiñones, el jamón, el tofu y la carne de cerdo en capas en el plato, con la carne de cerdo encima. Espolvorear con vino o jerez, sal y pimienta, jengibre y cebolleta. Cubra y cocine al vapor en una rejilla sobre agua hirviendo durante aproximadamente 45 minutos hasta que esté cocido.

Escurra la salsa del tazón sin alterar los ingredientes. Agregue suficiente agua para completar 250 ml/8 fl oz/1 taza. Mezcle la harina de maíz y el agua y revuélvalos en la salsa. Lleve al tazón y cocine a fuego lento, revolviendo, hasta que la salsa se aclare y espese. Coloque la mezcla de carne de cerdo en un plato de servir caliente, vierta sobre la salsa y sirva.

Brochetas De Cerdo Fritas

Para 4 personas

450 g/1 libra de filete de cerdo, en rodajas finas
100 g/4 oz de jamón cocido, en rodajas finas
6 castañas de agua, en rodajas finas
30 ml/2 cucharadas de salsa de soja
30 ml/2 cucharadas de vinagre de vino
15 ml/1 cucharada de azúcar moreno
15 ml/1 cucharada de salsa de ostras
unas gotas de aceite de chile
45 ml/3 cucharadas de harina de maíz (fécula de maíz)
30 ml/2 cucharadas de vino de arroz o jerez seco
2 huevos batidos
aceite para freír

Ensartar el cerdo, el jamón y las castañas de agua alternativamente en brochetas pequeñas. Mezcle la salsa de soya, el vinagre de vino, el azúcar, la salsa de ostras y el aceite de chile. Verter sobre las brochetas, tapar y dejar marinar en el frigorífico durante 3 horas. Mezcle la harina de maíz, el vino o el jerez y los huevos hasta obtener una masa suave y espesa. Gire los kebabs en la masa para cubrirlos. Caliente el aceite y fría los kebabs hasta que estén ligeramente dorados.

Codillo de Cerdo Braseado en Salsa Roja

Para 4 personas

1 codillo grande de cerdo
1 l/1½ pts/4¼ tazas de agua hirviendo
5 ml/1 cucharadita de sal
120 ml/4 fl oz/½ taza de vinagre de vino
120 ml/4 fl oz/½ taza de salsa de soya
45 ml/3 cucharadas de miel
5 ml/1 cucharadita de bayas de enebro
5 ml/1 cucharadita de anís
5 ml/1 cucharadita de cilantro
60 ml/4 cucharadas de aceite de cacahuete (maní)
6 cebolletas (cebolletas), en rodajas
2 zanahorias, en rodajas finas
1 rama de apio, en rodajas
45 ml/3 cucharadas de salsa hoisin
30 ml/2 cucharadas de chutney de mango
75 ml/5 cucharadas de puré de tomate (pasta)

1 diente de ajo, machacado
60 ml/4 cucharadas de cebollín picado

Poner a hervir el codillo de cerdo con el agua, la sal, el vinagre de vino, 45 ml/3 cucharadas de salsa de soja, la miel y las especias. Agregue las verduras, vuelva a hervir, cubra y cocine a fuego lento durante aproximadamente 1 hora y media hasta que la carne esté tierna. Retire la carne y las verduras de la sartén, corte la carne del hueso y córtela en dados. Calienta el aceite y fríe la carne hasta que esté dorada. Añadir las verduras y saltear durante 5 minutos. Agregue la salsa de soja restante, la salsa hoisin, el chutney, el puré de tomate y el ajo. Lleve a ebullición, revolviendo, luego cocine a fuego lento durante 3 minutos. Servir espolvoreado con cebollino.

Cerdo Marinado

Para 4 personas

450 g/1 libra de carne magra de cerdo
1 rodaja de raíz de jengibre, picada
1 diente de ajo, machacado
90 ml/6 cucharadas de salsa de soja
15 ml/1 cucharada de vino de arroz o jerez seco
45 ml/3 cucharadas de aceite de cacahuete (maní)
1 cebolla tierna (cebollín), en rodajas
15 ml/1 cucharada de azúcar moreno
pimienta recién molida

Mezclar la carne de cerdo con el jengibre, el ajo, 30 ml/2 cucharadas de salsa de soja y vino o jerez. Deje reposar durante 30 minutos, revolviendo ocasionalmente, luego saque la carne de la marinada. Calienta el aceite y fríe el cerdo hasta que esté ligeramente dorado. Agregue la cebolla tierna, el azúcar, la salsa de soja restante y una pizca de pimienta, cubra y cocine a fuego lento durante unos 45 minutos hasta que el cerdo esté cocido. Cortar la carne de cerdo en cubos y luego servir.

Chuletas De Cerdo Marinadas

Para 6

6 chuletas de cerdo

1 rodaja de raíz de jengibre, picada

1 diente de ajo, machacado

90 ml/6 cucharadas de salsa de soja

30 ml/2 cucharadas de vino de arroz o jerez seco

45 ml/3 cucharadas de aceite de cacahuete (maní)

2 cebolletas (cebolletas), picadas

15 ml/1 cucharada de azúcar moreno

pimienta recién molida

Cortar el hueso de las chuletas de cerdo y cortar la carne en cubos. Mezclar el jengibre, el ajo, 30 ml/2 cucharadas de salsa de soja y el vino o jerez, verter sobre la carne de cerdo y dejar marinar durante 30 minutos removiendo de vez en cuando. Retire la carne de la marinada. Calienta el aceite y fríe el cerdo hasta que esté ligeramente dorado. Agregue las cebolletas y saltee durante 1 minuto. Mezclar la salsa de soja restante con el azúcar y una pizca de pimienta. Agregue la salsa, hierva, cubra y cocine a fuego lento durante unos 30 minutos hasta que el cerdo esté tierno.

cerdo con champiñones

Para 4 personas

25 g/1 oz hongos chinos secos
30 ml/2 cucharadas de aceite de maní (maní)
1 diente de ajo, picado
225 g/8 oz de carne magra de cerdo, cortada en tajadas
4 cebolletas (cebolletas), picadas
15 ml/1 cucharada de salsa de soja
15 ml/1 cucharada de vino de arroz o jerez seco
5 ml/1 cucharadita de aceite de sésamo

Remoje los champiñones en agua tibia durante 30 minutos y luego escúrralos. Deseche los tallos y corte las tapas. Calienta el aceite y fríe el ajo hasta que esté ligeramente dorado. Agregue la carne de cerdo y saltee hasta que se dore. Agregue las cebolletas, los champiñones, la salsa de soya y el vino o el jerez y saltee durante 3 minutos. Agregue el aceite de sésamo y sirva inmediatamente.

Pastel de carne al vapor

Para 4 personas

450 g/1 libra de carne de cerdo picada (molida)
4 castañas de agua, finamente picadas
225 g/8 oz de champiñones, finamente picados
5 ml/1 cucharadita de salsa de soja
sal y pimienta recién molida
1 huevo, ligeramente batido

Mezcla bien todos los ingredientes y dale forma de tarta plana a la mezcla sobre una placa refractaria. Coloque el plato sobre una rejilla en una vaporera, cubra y cocine al vapor durante 1½ horas.

Cerdo Cocido Rojo Con Champiñones

Para 4 personas

450 g/1 libra de carne magra de cerdo, en cubos
250 ml/8 fl oz/1 taza de agua
15 ml/1 cucharada de salsa de soja
15 ml/1 cucharada de vino de arroz o jerez seco
5 ml/1 cucharadita de azúcar
5 ml/1 cucharadita de sal
225 g/8 oz de champiñones

Coloque la carne de cerdo y el agua en una cacerola y hierva el agua. Tape y cocine a fuego lento durante 30 minutos, luego escurra, reservando el caldo. Regrese la carne de cerdo a la sartén y agregue la salsa de soya. Cocine a fuego lento, revolviendo, hasta que se absorba la salsa de soja. Agregue el vino o el jerez, el azúcar y la sal. Vierta el caldo reservado, lleve a ebullición, cubra y cocine a fuego lento durante unos 30 minutos, volteando la carne de vez en cuando. Agregue los champiñones y cocine a fuego lento durante 20 minutos más.

Panqueque De Cerdo Con Fideos

Para 4 personas

30 ml/2 cucharadas de aceite de maní (maní)
5 ml/2 cucharaditas de sal
225 g/8 oz de carne magra de cerdo, cortada en tiras
225 g/8 oz col china, rallada
100 g/4 oz de brotes de bambú, triturados
100 g/4 oz de champiñones, en rodajas finas
150 ml/¼ pt/½ taza generosa de caldo de pollo
10 ml/2 cucharaditas de harina de maíz (fécula de maíz)
15 ml/1 cucharada de vino de arroz o jerez seco
15 ml/1 cucharada de agua
panqueque de fideos

Calentar el aceite y freír la sal y el cerdo hasta que tomen un color claro. Agregue el repollo, los brotes de bambú y los champiñones y saltee durante 1 minuto. Agregue el caldo, lleve a ebullición, cubra y cocine a fuego lento durante 4 minutos hasta que el cerdo esté cocido. Mezcle la harina de maíz hasta obtener una pasta con el vino o el jerez y el agua, revuélvala en la sartén y cocine a fuego lento, revolviendo, hasta que la salsa se aclare y espese. Vierta sobre el panqueque de fideos para servir.

Cerdo y Langostinos con Tortita de Fideos

Para 4 personas

30 ml/2 cucharadas de aceite de maní (maní)
5 ml/1 cucharadita de sal
4 cebolletas (cebolletas), picadas
1 diente de ajo, machacado
225 g/8 oz de carne magra de cerdo, cortada en tiras
100 g/4 oz de champiñones, en rodajas
4 tallos de apio, en rodajas
225 g/8 oz de gambas peladas
30 ml/2 cucharadas de salsa de soja
10 ml/1 cucharadita de harina de maíz (fécula de maíz)
45 ml/3 cucharadas de agua
panqueque de fideos

Calentar el aceite y la sal y sofreír las cebolletas y los ajos hasta que se ablanden. Agregue la carne de cerdo y saltee hasta que esté ligeramente dorada. Agregue los champiñones y el apio y saltee durante 2 minutos. Agregue las gambas, espolvoree con salsa de soja y revuelva hasta que se caliente. Mezcle la harina de maíz y el agua hasta obtener una pasta, revuelva en la sartén y cocine a fuego lento, revolviendo, hasta que esté caliente. Vierta sobre el panqueque de fideos para servir.

Cerdo Con Salsa De Ostras

Sirve 4–6

450 g/1 libra de carne magra de cerdo
15 ml/1 cucharada de harina de maíz (fécula de maíz)
10 ml/2 cucharaditas de vino de arroz o jerez seco
una pizca de azúcar
45 ml/3 cucharadas de aceite de cacahuete (maní)
10 ml/2 cucharaditas de agua
30 ml/2 cucharadas de salsa de ostras
pimienta recién molida
1 rodaja de raíz de jengibre, picada
60 ml/4 cucharadas de caldo de pollo

Cortar la carne de cerdo finamente contra el grano. Mezcle 5 ml/1 cucharadita de harina de maíz con el vino o el jerez, el azúcar y 5 ml/1 cucharadita de aceite, agréguelo a la carne de cerdo y revuelva bien para cubrir. Licuar la harina de maíz restante con el agua, la salsa de ostras y una pizca de pimienta. Calienta el aceite restante y fríe el jengibre durante 1 minuto. Agregue la carne de cerdo y saltee hasta que esté ligeramente dorada. Agregue el caldo y la mezcla de agua y salsa de ostras, hierva, cubra y cocine a fuego lento durante 3 minutos.

cerdo con maní

Para 4 personas

450 g/1 libra de carne magra de cerdo, en cubos

15 ml/1 cucharada de harina de maíz (fécula de maíz)

5 ml/1 cucharadita de sal

1 clara de huevo

3 cebolletas (cebolletas), picadas

1 diente de ajo, picado

1 rodaja de raíz de jengibre, picada

45 ml/3 cucharadas de caldo de pollo

15 ml/1 cucharada de vino de arroz o jerez seco

15 ml/1 cucharada de salsa de soja

10 ml/2 cucharaditas de melaza negra

45 ml/3 cucharadas de aceite de cacahuete (maní)

½ pepino, en cubos

25 g/1 oz/¼ taza de maní sin cáscara
5 ml/1 cucharadita de aceite de chile

Mezcle la carne de cerdo con la mitad de la harina de maíz, la sal y la clara de huevo y revuelva bien para cubrir la carne de cerdo. Mezclar la harina de maíz restante con las cebolletas, el ajo, el jengibre, el caldo, el vino o jerez, la salsa de soja y la melaza. Caliente el aceite y saltee el cerdo hasta que esté ligeramente dorado y luego retírelo de la sartén. Agregue el pepino a la sartén y saltee durante unos minutos. Regrese el cerdo a la sartén y revuelva ligeramente. Agregue la mezcla de condimentos, lleve a ebullición y cocine a fuego lento, revolviendo, hasta que la salsa se aclare y espese. Agregue los cacahuetes y el aceite de chile y caliente antes de servir.

cerdo con pimientos

Para 4 personas

45 ml/3 cucharadas de aceite de cacahuete (maní)

225 g/8 oz de carne magra de cerdo, en cubos

1 cebolla, picada

2 pimientos verdes, cortados en cubitos

½ cabeza de hojas chinas cortadas en cubitos

1 rodaja de raíz de jengibre, picada

15 ml/1 cucharada de salsa de soja

15 ml/1 cucharada de azúcar

2,5 ml/½ cucharadita de sal

Caliente el aceite y saltee la carne de cerdo durante unos 4 minutos hasta que esté dorada. Agregue la cebolla y saltee durante aproximadamente 1 minuto. Añadir los pimientos y saltear durante 1 minuto. Agregue las hojas chinas y saltee durante 1 minuto. Mezcle los ingredientes restantes, revuélvalos en la sartén y saltee durante 2 minutos más.

Cerdo picante con pepinillos

Para 4 personas

900 g/2 libras de chuletas de cerdo
30 ml/2 cucharadas de harina de maíz (fécula de maíz)
45 ml/3 cucharadas de salsa de soja
30 ml/2 cucharadas de jerez dulce
5 ml/1 cucharadita de raíz de jengibre rallada
2,5 ml/½ cucharadita de cinco especias en polvo
pizca de pimienta recién molida
aceite para freír
60 ml/4 cucharadas de caldo de pollo
Verduras chinas en escabeche

Recorte las chuletas, descartando toda la grasa y los huesos. Mezcle la harina de maíz, 30 ml/2 cucharadas de salsa de soja, el jerez, el jengibre, el polvo de cinco especias y la pimienta. Vierta sobre el cerdo y revuelva para cubrirlo por completo. Tapar y dejar marinar durante 2 horas, volteando de vez en cuando. Caliente el aceite y fría la carne de cerdo hasta que esté dorada y bien cocida. Escurrir sobre papel de cocina. Corte la carne de cerdo en rebanadas gruesas, transfiéralas a un plato de servir caliente y manténgala caliente. Mezcle el caldo y la salsa de soya restante en una cacerola pequeña. Llevar a ebullición y verter sobre el cerdo troceado. Servir adornado con pepinillos mixtos.

Cerdo Con Salsa De Ciruelas

Para 4 personas

450 g/1 lb de carne de cerdo para guisar, cortada en cubitos

2 dientes de ajo, triturados

sal

60 ml/4 cucharadas de salsa de tomate (ketchup)

30 ml/2 cucharadas de salsa de soja

45 ml/3 cucharadas de salsa de ciruelas

5 ml/1 cucharadita de curry en polvo

5 ml/1 cucharadita de pimentón

2,5 ml/½ cucharadita de pimienta recién molida

45 ml/3 cucharadas de aceite de cacahuete (maní)

6 cebolletas (cebolletas), cortadas en tiras

4 zanahorias, cortadas en tiras

Marinar la carne con el ajo, la sal, el ketchup, la salsa de soja, la salsa de ciruelas, el curry en polvo, el pimentón y la pimienta durante 30 minutos. Calienta el aceite y fríe la carne hasta que esté ligeramente dorada. Retire del wok. Añadir las verduras al aceite y freír hasta que estén tiernas. Regrese la carne a la sartén y vuelva a calentar suavemente antes de servir.

Cerdo con Gambas

Sirve 6–8

900 g/2 libras de carne magra de cerdo
30 ml/2 cucharadas de aceite de maní (maní)
1 cebolla, en rodajas
1 cebolla tierna (cebollín), picada
2 dientes de ajo, triturados
30 ml/2 cucharadas de salsa de soja
50 g/2 oz de gambas peladas, picadas
(suelo)
600 ml/1 pt/2½ tazas de agua hirviendo
15 ml/1 cucharada de azúcar

Ponga a hervir una cacerola con agua, agregue la carne de cerdo, cubra y cocine a fuego lento durante 10 minutos. Retirar de la sartén y escurrir bien, luego cortar en cubos. Calentar el aceite y sofreír la cebolla, la cebolleta y el ajo hasta que estén ligeramente dorados. Agregue la carne de cerdo y fría hasta que esté ligeramente dorada. Añadir la salsa de soja y las gambas y saltear durante 1 minuto. Agregue el agua hirviendo y el azúcar, cubra y cocine a fuego lento durante unos 40 minutos hasta que el cerdo esté tierno.

Cerdo Cocido Rojo

Para 4 personas

675 g/1½ lb de carne magra de cerdo, en cubos
250 ml/8 fl oz/1 taza de agua
1 rodaja de raíz de jengibre, triturada
60 ml/4 cucharadas de salsa de soja
15 ml/1 cucharada de vino de arroz o jerez seco
5 ml/1 cucharadita de sal
10 ml/2 cucharaditas de azúcar moreno

Coloque la carne de cerdo y el agua en una cacerola y hierva el agua. Agregue el jengibre, la salsa de soja, el jerez y la sal, cubra y cocine a fuego lento durante 45 minutos. Agregue el azúcar, dé la vuelta a la carne, cubra y cocine a fuego lento durante 45 minutos más hasta que el cerdo esté tierno.

Cerdo en Salsa Roja

Para 4 personas

30 ml/2 cucharadas de aceite de maní (maní)
225 g/8 oz de riñones de cerdo, cortados en tiras
450 g/1 lb de carne de cerdo, cortada en tiras
1 cebolla, en rodajas
4 cebolletas (cebolletas), cortadas en tiras
2 zanahorias, cortadas en tiras
1 rama de apio, cortado en tiras
1 pimiento rojo, cortado en tiras
45 ml/3 cucharadas de salsa de soja
45 ml/3 cucharadas de vino blanco seco
300 ml/½ pt/1 ¼ tazas de caldo de pollo

30 ml/2 cucharadas de salsa de ciruelas
30 ml/2 cucharadas de vinagre de vino
5 ml/1 cucharadita de polvo de cinco especias
5 ml/1 cucharadita de azúcar moreno
15 ml/1 cucharada de harina de maíz (fécula de maíz)
15 ml/1 cucharada de agua

Calienta el aceite y fríe los riñones durante 2 minutos y luego retíralos de la sartén. Vuelva a calentar el aceite y fría el cerdo hasta que esté ligeramente dorado. Agregue las verduras y saltee durante 3 minutos. Agregue la salsa de soja, el vino, el caldo, la salsa de ciruelas, el vinagre de vino, el polvo de cinco especias y el azúcar, hierva, cubra y cocine a fuego lento durante 30 minutos hasta que esté cocido. Agrega los riñones. Mezcle la harina dc maíz y el agua y revuelva en la sartén. Lleve a ebullición y luego cocine a fuego lento, revolviendo, hasta que la salsa espese.

Cerdo con Fideos de Arroz

Para 4 personas

4 hongos chinos secos
100 g/4 oz de fideos de arroz
225 g/8 oz de carne magra de cerdo, cortada en tiras
15 ml/1 cucharada de harina de maíz (fécula de maíz)
15 ml/1 cucharada de salsa de soja
15 ml/1 cucharada de vino de arroz o jerez seco
45 ml/3 cucharadas de aceite de cacahuete (maní)
2,5 ml/½ cucharadita de sal
1 rodaja de raíz de jengibre, picada

2 tallos de apio, picados
120 ml/4 fl oz/½ taza de caldo de pollo
2 cebolletas (cebolletas), en rodajas

Remoje los champiñones en agua tibia durante 30 minutos y luego escúrralos. Deseche los tallos y corte las tapas. Remoje los fideos en agua tibia durante 30 minutos, luego escúrralos y córtelos en trozos de 5 cm/2. Coloque la carne de cerdo en un tazón. Mezcle la harina de maíz, la salsa de soya y el vino o el jerez, vierta sobre el cerdo y revuelva para cubrir. Calienta el aceite y fríe la sal y el jengibre durante unos segundos. Agregue la carne de cerdo y saltee hasta que esté ligeramente dorada. Agregue los champiñones y el apio y saltee durante 1 minuto. Agregue el caldo, lleve a ebullición, cubra y cocine a fuego lento durante 2 minutos. Agregue los fideos y caliente durante 2 minutos. Agregue las cebolletas y sirva de inmediato.

Ricas Bolas De Cerdo

Para 4 personas

450 g/1 libra de carne de cerdo picada (molida)
100 g/4 oz tofu, triturado
4 castañas de agua, finamente picadas
sal y pimienta recién molida
120 ml/4 fl oz/½ taza de aceite de maní (maní)
1 rodaja de raíz de jengibre, picada
600 ml/1 pt/2½ tazas de caldo de pollo
15 ml/1 cucharada de salsa de soja
5 ml/1 cucharadita de azúcar moreno

5 ml/1 cucharadita de vino de arroz o jerez seco

Mezcle la carne de cerdo, el tofu y las castañas y sazone con sal y pimienta. Forme bolas grandes. Calienta el aceite y fríe las bolas de cerdo hasta que estén doradas por todos lados y luego retíralas de la sartén. Escurra todo menos 15 ml/1 cucharada del aceite y agregue el jengibre, el caldo, la salsa de soja, el azúcar y el vino o el jerez. Regrese las bolas de cerdo a la sartén, hierva y cocine a fuego lento durante 20 minutos hasta que estén bien cocidas.

Chuletas De Cerdo Asado

Para 4 personas

4 chuletas de cerdo
75 ml/5 cucharadas de salsa de soja
aceite para freír
100 g/4 oz de palitos de apio
3 cebolletas (cebolletas), picadas
1 rodaja de raíz de jengibre, picada
15 ml/1 cucharada de vino de arroz o jerez seco
120 ml/4 fl oz/½ taza de caldo de pollo
sal y pimienta recién molida

5 ml/1 cucharadita de aceite de sésamo

Sumerja las chuletas de cerdo en la salsa de soya hasta que estén bien cubiertas. Calienta el aceite y fríe las chuletas hasta que estén doradas. Retirar y escurrir bien. Disponer el apio en la base de una fuente refractaria poco profunda. Espolvorea con las cebolletas y el jengibre y coloca las chuletas de cerdo encima. Verter sobre el vino o el jerez y el caldo y sazonar con sal y pimienta. Espolvorear con aceite de sésamo. Asar en horno precalentado a 200°C/400°C/nivel de gas 6 durante 15 minutos.

cerdo especiado

Para 4 personas

1 pepino, en cubos

sal

450 g/1 libra de carne magra de cerdo, en cubos

5 ml/1 cucharadita de sal

45 ml/3 cucharadas de salsa de soja

30 ml/2 cucharadas de vino de arroz o jerez seco

30 ml/2 cucharadas de harina de maíz (fécula de maíz)

15 ml/1 cucharada de azúcar moreno

60 ml/4 cucharadas de aceite de cacahuete (maní)

1 rodaja de raíz de jengibre, picada

1 diente de ajo, picado

1 pimiento rojo, sin semillas y picado
60 ml/4 cucharadas de caldo de pollo

Espolvorea el pepino con sal y déjalo a un lado. Mezcle la carne de cerdo, la sal, 15 ml/1 cucharada de salsa de soja, 15 ml/1 cucharada de vino o jerez, 15 ml/1 cucharada de harina de maíz, el azúcar moreno y 15 ml/1 cucharada de aceite. Dejar reposar durante 30 minutos y luego sacar la carne de la marinada. Caliente el aceite restante y saltee el cerdo hasta que esté ligeramente dorado. Agregue el jengibre, el ajo y el chile y saltee durante 2 minutos. Agregue el pepino y saltee durante 2 minutos. Mezcle el caldo y la salsa de soja restante, el vino o el jerez y la harina de maíz en la marinada. Revuelva esto en la sartén y lleve a ebullición, revolviendo. Cocine a fuego lento, revolviendo, hasta que la salsa se aclare y espese y continúe cocinando a fuego lento hasta que la carne esté bien cocida.

Rebanadas de cerdo resbaladizas

Para 4 personas

225 g/8 oz de carne de cerdo magra, en rodajas
2 claras de huevo
15 ml/1 cucharada de harina de maíz (fécula de maíz)
45 ml/3 cucharadas de aceite de cacahuete (maní)
50 g/2 oz de brotes de bambú, en rodajas

6 cebolletas (cebolletas), picadas

2,5 ml/½ cucharadita de sal

15 ml/1 cucharada de vino de arroz o jerez seco

150 ml/¼ pt/½ taza generosa de caldo de pollo

Mezcle el cerdo con las claras de huevo y la harina de maíz hasta que esté bien cubierto. Caliente el aceite y saltee el cerdo hasta que esté ligeramente dorado y luego retírelo de la sartén. Agregue los brotes de bambú y las cebolletas y saltee durante 2 minutos. Regrese el cerdo a la sartén con la sal, el vino o jerez y el caldo de pollo. Lleve a ebullición y cocine a fuego lento, revolviendo durante 4 minutos hasta que el cerdo esté cocido.

Cerdo Con Espinacas Y Zanahorias

Para 4 personas

225 g/8 oz de carne magra de cerdo

2 zanahorias, cortadas en tiras

225 g/8 oz de espinacas

45 ml/3 cucharadas de aceite de cacahuete (maní)

1 cebolla tierna (cebollín), finamente picada

15 ml/1 cucharada de salsa de soja

2,5 ml/½ cucharadita de sal

10 ml/2 cucharaditas de harina de maíz (fécula de maíz)

30 ml/2 cucharadas de agua

Rebane la carne de cerdo finamente contra el grano y luego córtela en tiras. Sancochar las zanahorias durante unos 3 minutos y luego escurrir. Reducir a la mitad las hojas de espinaca. Calienta el aceite y fríe la cebolla tierna hasta que esté transparente. Agregue la carne de cerdo y saltee hasta que esté ligeramente dorada. Agregue las zanahorias y la salsa de soja y saltee durante 1 minuto. Agregue la sal y las espinacas y saltee durante unos 30 segundos hasta que comience a ablandarse. Mezcle la harina de maíz y el agua hasta obtener una pasta, revuélvala en la salsa y saltee hasta que se aclare y sirva de inmediato.

cerdo al vapor

Para 4 personas

450 g/1 libra de carne magra de cerdo, en cubos
120 ml/4 fl oz/½ taza de salsa de soya
120 ml/4 fl oz/½ taza de vino de arroz o jerez seco
15 ml/1 cucharada de azúcar moreno

Mezcle todos los ingredientes y colóquelos en un recipiente resistente al calor. Cueza al vapor en una rejilla sobre agua hirviendo durante aproximadamente 1½ horas hasta que esté bien cocido.

Cerdo salteado

Para 4 personas

25 g/1 oz hongos chinos secos
15 ml/1 cucharada de aceite de cacahuete (maní)
450 g/1 libra de carne de cerdo magra, en rodajas
1 pimiento verde, cortado en cubitos
15 ml/1 cucharada de salsa de soja
15 ml/1 cucharada de vino de arroz o jerez seco
5 ml/1 cucharadita de sal

5 ml/1 cucharadita de aceite de sésamo

Remoje los champiñones en agua tibia durante 30 minutos y luego escúrralos. Deseche los tallos y corte las tapas. Caliente el aceite y saltee la carne de cerdo hasta que esté ligeramente dorada. Agregue la pimienta y saltee durante 1 minuto. Añadir los champiñones, la salsa de soja, el vino o jerez y la sal y saltear unos minutos hasta que la carne esté cocida. Agregue el aceite de sésamo antes de servir.

Cerdo Con Patatas Dulces

Para 4 personas

aceite para freír

2 batatas grandes, en rodajas

30 ml/2 cucharadas de aceite de maní (maní)

1 rodaja de raíz de jengibre, en rodajas

1 cebolla, en rodajas

450 g/1 libra de carne magra de cerdo, en cubos

15 ml/1 cucharada de salsa de soja
2,5 ml/½ cucharadita de sal
pimienta recién molida
250 ml/8 fl oz/1 taza de caldo de pollo
30 ml/2 cucharadas de curry en polvo

Calienta el aceite y fríe las batatas hasta que estén doradas. Retirar de la sartén y escurrir bien. Caliente el aceite de cacahuete (maní) y fría el jengibre y la cebolla hasta que estén ligeramente dorados. Agregue la carne de cerdo y saltee hasta que esté ligeramente dorada. Agregue la salsa de soya, la sal y una pizca de pimienta, luego agregue el caldo y el curry en polvo, hierva y cocine a fuego lento, revolviendo durante 1 minuto. Agregue las papas fritas, cubra y cocine a fuego lento durante 30 minutos hasta que el cerdo esté cocido.

Cerdo agridulce

Para 4 personas

450 g/1 libra de carne magra de cerdo, en cubos
15 ml/1 cucharada de vino de arroz o jerez seco
15 ml/1 cucharada de aceite de cacahuete (maní)
5 ml/1 cucharadita de curry en polvo
1 huevo batido
sal

100 g/4 oz de harina de maíz (fécula de maíz)
aceite para freír
1 diente de ajo, machacado
75 g/3 oz/½ taza de azúcar
50 g/2 oz de salsa de tomate (ketchup)
5 ml/1 cucharadita de vinagre de vino
5 ml/1 cucharadita de aceite de sésamo

Mezclar la carne de cerdo con el vino o jerez, el aceite, el curry en polvo, el huevo y un poco de sal. Mezcle la harina de maíz hasta que el cerdo esté cubierto con la masa. Caliente el aceite hasta que humee y luego agregue los cubos de cerdo unos cuantos veces. Freír durante unos 3 minutos, luego escurrir y reservar. Vuelva a calentar el aceite y fría los cubos de nuevo durante unos 2 minutos. Retirar y escurrir. Caliente el ajo, el azúcar, la salsa de tomate y el vinagre de vino, revolviendo hasta que el azúcar se disuelva. Llevar a ebullición, luego agregar los cubos de cerdo y revolver bien. Agregue el aceite de sésamo y sirva.

cerdo salado

Para 4 personas

30 ml/2 cucharadas de aceite de maní (maní)

450 g/1 libra de carne magra de cerdo, en cubos

3 cebolletas (cebolletas), en rodajas

2 dientes de ajo, triturados

1 rodaja de raíz de jengibre, picada

250 ml/8 fl oz/1 taza de salsa de soya

30 ml/2 cucharadas de vino de arroz o jerez seco

30 ml/2 cucharadas de azúcar moreno

5 ml/1 cucharadita de sal

600 ml/1 pt/2½ tazas de agua

Calienta el aceite y fríe el cerdo hasta que esté dorado. Escurrir el exceso de aceite, añadir las cebolletas, el ajo y el jengibre y sofreír durante 2 minutos. Agregue la salsa de soja, el vino o el jerez, el azúcar y la sal y revuelva bien. Agregue el agua, lleve a ebullición, cubra y cocine a fuego lento durante 1 hora.

cerdo con tofu

Para 4 personas

450 g/1 libra de carne magra de cerdo

45 ml/3 cucharadas de aceite de cacahuete (maní)

1 cebolla, en rodajas

1 diente de ajo, machacado

225 g/8 oz de tofu, en cubos

375 ml/13 fl oz/1½ tazas de caldo de pollo
15 ml/1 cucharada de azúcar moreno
60 ml/4 cucharadas de salsa de soja
2,5 ml/½ cucharadita de sal

Coloque la carne de cerdo en una cacerola y cubra con agua. Lleve a ebullición y luego cocine a fuego lento durante 5 minutos. Escurrir y dejar enfriar y luego cortar en cubos.

Calienta el aceite y fríe la cebolla y el ajo hasta que estén ligeramente dorados. Agregue la carne de cerdo y fría hasta que esté ligeramente dorada. Agregue el tofu y revuelva suavemente hasta que esté cubierto con aceite. Agregue el caldo, el azúcar, la salsa de soja y la sal, hierva, cubra y cocine a fuego lento durante unos 40 minutos hasta que el cerdo esté tierno.

Cerdo Frito

Para 4 personas

225 g/8 oz filete de cerdo, en cubos
1 clara de huevo
30 ml/2 cucharadas de vino de arroz o jerez seco
sal
225 g/8 oz de harina de maíz (fécula de maíz)

aceite para freír

Mezclar el cerdo con la clara de huevo, el vino o jerez y un poco de sal. Poco a poco, agregue suficiente harina de maíz para hacer una masa espesa. Caliente el aceite y fría el cerdo hasta que esté dorado y crujiente por fuera y tierno por dentro.

Cerdo Cocido Dos Veces

Para 4 personas

225 g/8 oz de carne magra de cerdo
45 ml/3 cucharadas de aceite de cacahuete (maní)
2 pimientos verdes, cortados en trozos
2 dientes de ajo, picados
2 cebolletas (cebolletas), en rodajas
15 ml/1 cucharada de salsa picante de frijoles

15 ml/1 cucharada de caldo de pollo
5 ml/1 cucharadita de azúcar

Coloque el trozo de cerdo en una cacerola, cubra con agua, lleve a ebullición y cocine a fuego lento durante 20 minutos hasta que esté bien cocido. Retirar y escurrir y luego dejar enfriar. Cortar finamente.

Caliente el aceite y saltee la carne de cerdo hasta que esté ligeramente dorada. Añadir los pimientos, el ajo y las cebolletas y saltear durante 2 minutos. Retire de la sartén. Agregue la salsa de frijoles, el caldo y el azúcar a la sartén y cocine a fuego lento, revolviendo, durante 2 minutos. Devuelva la carne de cerdo y los pimientos y saltee hasta que se caliente. Servir de una vez.

Cerdo con Verduras

Para 4 personas

2 dientes de ajo, triturados
5 ml/1 cucharadita de sal
2,5 ml/½ cucharadita de pimienta recién molida
30 ml/2 cucharadas de aceite de maní (maní)
30 ml/2 cucharadas de salsa de soja
225 g/8 oz floretes de brócoli

200 g/7 oz floretes de coliflor
1 pimiento rojo, cortado en cubitos
1 cebolla, picada
2 naranjas, peladas y cortadas en cubitos
1 pieza de tallo de jengibre, picado
30 ml/2 cucharadas de harina de maíz (fécula de maíz)
300 ml/½ pinta/1¼ tazas de agua
20 ml/2 cucharadas de vinagre de vino
15 ml/1 cucharada de miel
pizca de jengibre molido
2,5 ml/½ cucharadita de comino

Triture el ajo, la sal y la pimienta en la carne. Caliente el aceite y saltee la carne hasta que se dore ligeramente. Retire de la sartén. Agregue la salsa de soya y las verduras a la sartén y saltee hasta que estén tiernas pero aún crujientes. Agregue las naranjas y el jengibre. Mezcla la harina de maíz y el agua y revuélvelo en la sartén con el vinagre de vino, la miel, el jengibre y el comino. Lleve a ebullición y cocine a fuego lento, revolviendo, durante 2 minutos. Regrese el cerdo a la sartén y caliéntelo antes de servir.

Cerdo con Nueces

Para 4 personas

50 g/2 oz/½ taza de nueces

225 g/8 oz de carne magra de cerdo, cortada en tiras
30 ml/2 cucharadas de harina normal (para todo uso)
30 ml/2 cucharadas de azúcar moreno
30 ml/2 cucharadas de salsa de soja
aceite para freír
15 ml/1 cucharada de aceite de cacahuete (maní)

Blanquear las nueces en agua hirviendo durante 2 minutos y luego escurrir. Mezcle la carne de cerdo con la harina, el azúcar y 15 ml/ 1 cucharada de salsa de soya hasta que esté bien cubierta. Calentar el aceite y freír la carne de cerdo hasta que esté crujiente y dorada. Escurrir sobre papel de cocina. Caliente el aceite de cacahuete (maní) y saltee las nueces hasta que estén doradas. Agregue la carne de cerdo a la sartén, espolvoree con la salsa de soya restante y saltee hasta que se caliente por completo.

Wonton de cerdo

Para 4 personas

450 g/1 libra de carne de cerdo picada (molida)
1 cebolla tierna (cebollín), picada
225 g/8 oz vegetales mixtos, picados
30 ml/2 cucharadas de salsa de soja
5 ml/1 cucharadita de sal
40 pieles wonton

aceite para freír

Calienta una sartén y fríe el cerdo y la cebolla tierna hasta que estén ligeramente dorados. Retire del fuego y agregue las verduras, la salsa de soya y la sal.

Para doblar los wontons, sujeta la piel con la palma de la mano izquierda y vierte un poco de relleno en el centro. Humedecer los bordes con huevo y doblar la piel en forma de triángulo, sellando los bordes. Humedezca las esquinas con huevo y gírelas.

Calentar el aceite y freír los wontons unos pocos a la vez hasta que estén dorados. Escurrir bien antes de servir.

Cerdo con Castañas de Agua

Para 4 personas

45 ml/3 cucharadas de aceite de cacahuete (maní)
1 diente de ajo, machacado
1 cebolla tierna (cebollín), picada
1 rodaja de raíz de jengibre, picada
225 g/8 oz de carne magra de cerdo, cortada en tiras
100 g/4 oz de castañas de agua, en rodajas finas
45 ml/3 cucharadas de salsa de soja

15 ml/1 cucharada de vino de arroz o jerez seco

5 ml/1 cucharadita de harina de maíz (fécula de maíz)

Calienta el aceite y fríe el ajo, la cebolla tierna y el jengibre hasta que estén ligeramente dorados. Agregue la carne de cerdo y saltee durante 10 minutos hasta que esté dorada. Añadir las castañas de agua y saltear durante 3 minutos. Agregue los ingredientes restantes y saltee durante 3 minutos.

Wontons de cerdo y gambas

Para 4 personas

225 g/8 oz carne de cerdo picada (molida)

2 cebolletas (cebolletas), picadas

100 g/4 oz vegetales mixtos, picados

100 g/4 oz de champiñones picados

225 g/8 oz de langostinos pelados, picados

15 ml/1 cucharada de salsa de soja

2,5 ml/½ cucharadita de sal

40 pieles wonton

aceite para freír

Calienta una sartén y fríe el cerdo y las cebolletas hasta que estén ligeramente dorados. Remueva con los ingredientes restantes.

Para doblar los wontons, sujeta la piel con la palma de la mano izquierda y vierte un poco de relleno en el centro. Humedecer los bordes con huevo y doblar la piel en forma de triángulo, sellando los bordes. Humedezca las esquinas con huevo y gírelas.

Calentar el aceite y freír los wontons unos pocos a la vez hasta que estén dorados. Escurrir bien antes de servir.

Albóndigas picadas al vapor

Para 4 personas

2 dientes de ajo, triturados

2,5 ml/½ cucharadita de sal

450 g/1 libra de carne de cerdo picada (molida)

1 cebolla, picada

1 pimiento rojo picado

1 pimiento verde picado

2 piezas de tallo de jengibre, picado

5 ml/1 cucharadita de curry en polvo

5 ml/1 cucharadita de pimentón

1 huevo batido

45 ml/3 cucharadas de harina de maíz (fécula de maíz)

50 g/2 oz de arroz de grano corto

sal y pimienta recién molida

60 ml/4 cucharadas de cebollín picado

Mezcle el ajo, la sal, la carne de cerdo, la cebolla, los pimientos, el jengibre, el curry en polvo y el pimentón. Trabajar el huevo en la mezcla con la harina de maíz y el arroz. Sazone con sal y pimienta y luego mezcle las cebolletas. Con las manos mojadas, forma la mezcla en bolitas. Colóquelos en una canasta de vapor, cubra y cocine sobre agua hirviendo suavemente durante 20 minutos hasta que estén cocidos.

Costillas de cerdo con salsa de frijoles negros

Para 4 personas

900 g/2 libras de costillas de cerdo

2 dientes de ajo, triturados

2 cebolletas (cebolletas), picadas

30 ml/2 cucharadas de salsa de frijoles negros

30 ml/2 cucharadas de vino de arroz o jerez seco

15 ml/1 cucharada de agua

30 ml/2 cucharadas de salsa de soja

15 ml/1 cucharada de harina de maíz (fécula de maíz)

5 ml/1 cucharadita de azúcar

120 ml/4 onzas líquidas ½ taza de agua

30 ml/2 cucharadas de aceite

2,5 ml/½ cucharadita de sal

120 ml/4 fl oz/½ taza de caldo de pollo

Cortar las costillas de cerdo en trozos de 2,5 cm/1. Mezclar el ajo, las cebolletas, la salsa de alubias negras, el vino o jerez, el agua y 15 ml/1 cucharada de salsa de soja. Mezclar la salsa de soja restante con la harina de maíz, el azúcar y el agua. Calienta el aceite y la sal y fríe las costillas hasta que estén doradas. Drene el aceite. Agregue la mezcla de ajo y saltee durante 2 minutos. Agregue el caldo, lleve a ebullición, cubra y cocine a fuego lento durante 4 minutos. Agregue la mezcla de harina de maíz y cocine a fuego lento, revolviendo, hasta que la salsa se aclare y espese.

Costillas a la parrilla

Para 4 personas

3 dientes de ajo, machacados

75 ml/5 cucharadas de salsa de soja

60 ml/4 cucharadas de salsa hoisin

60 ml/4 cucharadas de vino de arroz o jerez seco

45 ml/3 cucharadas de azúcar moreno

30 ml/2 cucharadas de puré de tomate (pasta)

900 g/2 libras de costillas de cerdo
15 ml/1 cucharada de miel

Mezclar el ajo, la salsa de soja, la salsa hoisin, el vino o jerez, el azúcar moreno y el puré de tomate, verter sobre las costillas, tapar y dejar macerar toda la noche.

Escurra las costillas y colóquelas sobre una rejilla en una asadera con un poco de agua debajo. Ase en un horno precalentado a 180 °C/350 °F/nivel de gas 4 durante 45 minutos, rociando ocasionalmente con la marinada, reservando 30 ml/2 cucharadas de la marinada. Mezclar el adobo reservado con la miel y pincelar sobre las costillas. Barbacoa o parrilla (broil) bajo una parrilla caliente durante unos 10 minutos.

Costillas de cerdo asadas con arce

Para 4 personas

900 g/2 libras de costillas de cerdo
60 ml/4 cucharadas de jarabe de arce
5 ml/1 cucharadita de sal
5 ml/1 cucharadita de azúcar
45 ml/3 cucharadas de salsa de soja
15 ml/1 cucharada de vino de arroz o jerez seco
1 diente de ajo, machacado

Picar las costillas de cerdo en trozos de 5 cm/2 y colocar en un bol. Mezclar todos los ingredientes, añadir las costillas de cerdo y remover bien. Cubra y deje marinar durante la noche. Ase a la parrilla (asar) o asar a la parrilla a fuego medio durante unos 30 minutos.

Costillas de cerdo fritas

Para 4 personas

900 g/2 libras de costillas de cerdo
120 ml/4 fl oz/½ taza de salsa de tomate (ketchup)
120 ml/4 fl oz/½ taza de vinagre de vino
60 ml/4 cucharadas de chutney de mango
45 ml/3 cucharadas de vino de arroz o jerez seco
2 dientes de ajo, picados
5 ml/1 cucharadita de sal

45 ml/3 cucharadas de salsa de soja
30 ml/2 cucharadas de miel
15 ml/1 cucharada de polvo de curry suave
15 ml/1 cucharada de pimentón
aceite para freír
60 ml/4 cucharadas de cebollín picado

Coloque las costillas de cerdo en un tazón. Mezclar todos los ingredientes excepto el aceite y el cebollino, verter sobre las costillas, tapar y dejar macerar durante al menos 1 hora. Calienta el aceite y fríe las costillas hasta que estén crujientes. Servir espolvoreado con cebollino.

Costillas de cerdo con puerros

Para 4 personas
450 g/1 lb de costillas de cerdo
aceite para freír
250 ml/8 fl oz/1 taza de caldo
30 ml/2 cucharadas de salsa de tomate (ketchup)
2,5 ml/½ cucharadita de sal
2,5 ml/½ cucharadita de azúcar
2 puerros, cortados en trozos

6 cebolletas (cebolletas), cortadas en trozos
50 g/2 oz floretes de brócoli
5 ml/1 cucharadita de aceite de sésamo

Picar las costillas de cerdo en trozos de 5 cm/2. Calienta el aceite y fríe las costillas hasta que empiecen a dorarse. Retírelos de la sartén y vierta todo menos 30 ml/2 cucharadas de aceite. Agregue el caldo, la salsa de tomate, la sal y el azúcar, lleve a ebullición y cocine a fuego lento durante 1 minuto. Regrese las costillas a la sartén y cocine a fuego lento durante unos 20 minutos hasta que estén tiernas.

Mientras tanto, caliente otros 30 ml/ 2 cucharadas de aceite y fría los puerros, las cebolletas y el brócoli durante unos 5 minutos. Espolvorear con aceite de sésamo y colocar alrededor de un plato de servir caliente. Coloque las costillas y la salsa en el centro y sirva.

Costillas de cerdo con champiñones

Sirve 4–6

6 hongos chinos secos
900 g/2 libras de costillas de cerdo
2 dientes de anís estrellado
45 ml/3 cucharadas de salsa de soja

5 ml/1 cucharadita de sal
15 ml/1 cucharada de harina de maíz (fécula de maíz)

Remoje los champiñones en agua tibia durante 30 minutos y luego escúrralos. Deseche los tallos y corte las tapas. Picar las costillas de cerdo en trozos de 5 cm/2. Poner agua a hervir en una cazuela, añadir las costillas y dejar cocer a fuego lento durante 15 minutos. Escurrir bien. Regrese las costillas a la sartén y cubra con agua fría. Añadir los champiñones, el anís estrellado, la salsa de soja y la sal. Llevar a ebullición, tapar y cocinar a fuego lento durante unos 45 minutos hasta que la carne esté tierna. Mezcle la harina de maíz con un poco de agua fría, revuélvala en la sartén y cocine a fuego lento, revolviendo, hasta que la salsa se aclare y espese.

Costillas a la Naranja

Para 4 personas

900 g/2 libras de costillas de cerdo
5 ml/1 cucharadita de queso rallado
5 ml/1 cucharadita de harina de maíz (fécula de maíz)
45 ml/3 cucharadas de vino de arroz o jerez seco

sal

aceite para freír

15 ml/1 cucharada de agua

2,5 ml/½ cucharadita de azúcar

15 ml/1 cucharada de puré de tomate (pasta)

2,5 ml/½ cucharadita de salsa picante

piel rallada de 1 naranja

1 naranja, en rodajas

Picar las costillas en trozos y mezclar con el queso, la maicena, 5 ml/ 1 cucharadita de vino o jerez y una pizca de sal. Dejar marinar durante 30 minutos. Caliente el aceite y fría las costillas durante unos 3 minutos hasta que estén doradas. Calentar 15 ml/1 cucharada de aceite en un wok, añadir el agua, el azúcar, el puré de tomate, la salsa picante, la piel de naranja y el resto del vino o jerez y remover a fuego lento durante 2 minutos. Agregue el cerdo y revuelva hasta que esté bien cubierto. Transfiera a un plato de servir caliente y sirva adornado con rodajas de naranja.

Costillas de cerdo con piña

Para 4 personas

900 g/2 libras de costillas de cerdo

600 ml/1 pt/2½ tazas de agua

30 ml/2 cucharadas de aceite de maní (maní)

2 dientes de ajo, finamente picados

200 g/7 oz de trozos de piña enlatados en jugo de frutas

120 ml/4 fl oz/½ taza de caldo de pollo

60 ml/4 cucharadas de vinagre de vino

50 g/2 oz/¼ taza de azúcar moreno

15 ml/1 cucharada de salsa de soja

15 ml/1 cucharada de harina de maíz (fécula de maíz)

3 cebolletas (cebolletas), picadas

Coloque la carne de cerdo y el agua en una cacerola, hierva, cubra y cocine a fuego lento durante 20 minutos. Escurrir bien.

Calienta el aceite y fríe el ajo hasta que esté ligeramente dorado. Agregue las costillas y saltee hasta que estén bien cubiertas con el aceite. Escurra los trozos de piña y agregue 120 ml/4 fl oz/½ taza de jugo a la sartén con el caldo, el vinagre de vino, el azúcar y la salsa de soya. Llevar a ebullición, tapar y cocinar a fuego lento durante 10 minutos. Añadir la piña escurrida. Mezcle la harina de maíz con un poco de agua, revuélvala en la salsa y cocine a fuego lento, revolviendo, hasta que la salsa se aclare y espese. Servir espolvoreado con cebolletas.

Costillas de cerdo crujientes

Para 4 personas

900 g/2 libras de costillas de cerdo

450 g/1 lb de gambas peladas

5 ml/1 cucharadita de azúcar

sal y pimienta recién molida

30 ml/2 cucharadas de harina normal (para todo uso)

1 huevo, ligeramente batido

100 g/4 onzas de pan rallado

aceite para freír

Cortar las costillas de cerdo en trozos de 5 cm/2. Retirar un poco de la carne y picarla con las gambas, el azúcar, la sal y la pimienta. Agregue la harina y suficiente huevo para hacer la mezcla pegajosa. Presionar los trozos de costillar y espolvorearlos con pan rallado. Calienta el aceite y fríe las costillas hasta que suban a la superficie. Escurrir bien y servir caliente.

Costillas de cerdo con vino de arroz

Para 4 personas

900 g/2 libras de costillas de cerdo

450 ml/¾ pt/2 tazas de agua

60 ml/4 cucharadas de salsa de soja

5 ml/1 cucharadita de sal

30 ml/2 cucharadas de vino de arroz

5 ml/1 cucharadita de azúcar

Cortar las costillas en trozos de 2,5 cm/1. Colocar en una cacerola con el agua, la salsa de soja y la sal, llevar a ebullición, tapar y cocer a fuego lento durante 1 hora. Escurrir bien. Calentar una sartén y añadir las costillas de cerdo, el vino de arroz y el azúcar. Sofreír a fuego vivo hasta que se evapore el líquido.

Costillas de cerdo con semillas de sésamo

Para 4 personas

900 g/2 libras de costillas de cerdo

1 huevo

30 ml/2 cucharadas de harina normal (para todo uso)
5 ml/1 cucharadita de harina de patata
45 ml/3 cucharadas de agua
aceite para freír
30 ml/2 cucharadas de aceite de maní (maní)
30 ml/2 cucharadas de salsa de tomate (ketchup)
30 ml/2 cucharadas de azúcar moreno
10 ml/2 cucharaditas de vinagre de vino
45 ml/3 cucharadas de semillas de sésamo
4 hojas de lechuga

Picar las costillas de cerdo en trozos de 10 cm/4 pulgadas y colocar en un bol. Mezclar el huevo con la harina, la harina de patata y el agua, incorporar a las costillas y dejar reposar durante 4 horas.

Calienta el aceite y fríe las costillas hasta que estén doradas, luego retíralas y escúrrelas. Calentar el aceite y sofreír el ketchup, el azúcar moreno, el vinagre de vino durante unos minutos. Agregue las costillas de cerdo y saltee hasta que estén completamente cubiertas. Espolvorear con semillas de sésamo y saltear durante 1 minuto. Coloque las hojas de lechuga en un plato de servir caliente, cubra con las costillas de cerdo y sirva.

Dulces y Suaves Spareribs

Para 4 personas

900 g/2 libras de costillas de cerdo
600 ml/1 pt/2½ tazas de agua
30 ml/2 cucharadas de aceite de maní (maní)
2 dientes de ajo, triturados
5 ml/1 cucharadita de sal
100 g/4 oz/½ taza de azúcar moreno
75 ml/5 cucharadas de caldo de pollo
60 ml/4 cucharadas de vinagre de vino
100 g/4 oz de trozos de piña enlatados en almíbar
15 ml/1 cucharada de puré de tomate (pasta)
15 ml/1 cucharada de salsa de soja
15 ml/1 cucharada de harina de maíz (fécula de maíz)
30 ml/2 cucharadas de coco deshidratado

Coloque la carne de cerdo y el agua en una cacerola, hierva, cubra y cocine a fuego lento durante 20 minutos. Escurrir bien.

Calienta el aceite y fríe las costillas con el ajo y la sal hasta que se doren. Añadir el azúcar, el caldo y el vinagre de vino y llevar a ebullición. Escurrir la piña y añadir 30 ml/2 cucharadas del almíbar a la sartén con el puré de tomate, la salsa de soja y la maicena. Revuelva bien y cocine a fuego lento, revolviendo, hasta que la salsa se aclare y espese. Agregue la piña, cocine a fuego lento durante 3 minutos y sirva espolvoreado con coco.

Costillas de cerdo salteadas

Para 4 personas

900 g/2 libras de costillas de cerdo

1 huevo batido

5 ml/1 cucharadita de salsa de soja

5 ml/1 cucharadita de sal

10 ml/2 cucharaditas de harina de maíz (fécula de maíz)

10 ml/2 cucharaditas de azúcar

60 ml/4 cucharadas de aceite de cacahuete (maní)

250 ml/8 fl oz/1 taza de vinagre de vino

250 ml/8 fl oz/1 taza de agua

250 ml/8 fl oz/1 taza de vino de arroz o jerez seco

Coloque las costillas de cerdo en un tazón. Mezclar el huevo con la salsa de soja, la sal, la mitad de maicena y la mitad de azúcar, añadir a las costillas y remover bien. Calienta el aceite y fríe las costillas hasta que estén doradas. Agregue los ingredientes restantes, lleve a ebullición y cocine a fuego lento hasta que el líquido casi se haya evaporado.

Costillas de cerdo con tomate

Para 4 personas

900 g/2 libras de costillas de cerdo

75 ml/5 cucharadas de salsa de soja

30 ml/2 cucharadas de vino de arroz o jerez seco

2 huevos batidos

45 ml/3 cucharadas de harina de maíz (fécula de maíz)

aceite para freír

45 ml/3 cucharadas de aceite de cacahuete (maní)

1 cebolla, en rodajas finas

250 ml/8 fl oz/1 taza de caldo de pollo

60 ml/4 cucharadas de salsa de tomate (ketchup)

10 ml/2 cucharaditas de azúcar moreno

Cortar las costillas de cerdo en trozos de 2,5 cm/1. Mezclar con 60 ml/4 cucharadas de salsa de soja y el vino o jerez y dejar macerar durante 1 hora removiendo de vez en cuando. Escurra, desechando la marinada. Pasar las costillas por huevo y luego por harina de maíz. Caliente el aceite y fría las costillas, unas cuantas a la vez, hasta que estén doradas. Escurrir bien. Calentar el aceite de maní (maní) y freír la cebolla hasta que esté transparente. Agregue el caldo, la salsa de soya restante, el ketchup y el azúcar moreno y cocine a fuego lento durante 1 minuto, revolviendo. Agregue las costillas y cocine a fuego lento durante 10 minutos.

Cerdo Asado A La Barbacoa

Sirve 4–6

1,25 kg/3 lb de paleta de cerdo deshuesada
2 dientes de ajo, triturados
2 cebolletas (cebolletas), picadas
250 ml/8 fl oz/1 taza de salsa de soya
120 ml/4 fl oz/½ taza de vino de arroz o jerez seco
100 g/4 oz/½ taza de azúcar moreno
5 ml/1 cucharadita de sal

Coloque la carne de cerdo en un tazón. Mezcle los ingredientes restantes, vierta sobre la carne de cerdo, cubra y deje marinar durante 3 horas. Transfiera la carne de cerdo y la marinada a una asadera y áselos en un horno precalentado a 200 °C/400 °F/nivel de gas 6 durante 10 minutos. Reduzca la temperatura a 160 °C/325 °F/nivel de gas 3 durante 1¾ horas hasta que el cerdo esté cocido.

Cerdo Frío a la Mostaza

Para 4 personas

1 kg/2 lb de cerdo asado deshuesado
250 ml/8 fl oz/1 taza de salsa de soya
120 ml/4 fl oz/½ taza de vino de arroz o jerez seco
100 g/4 oz/½ taza de azúcar moreno
3 cebolletas (cebolletas), picadas
5 ml/1 cucharadita de sal
30 ml/2 cucharadas de mostaza en polvo

Coloque la carne de cerdo en un tazón. Mezcle todos los ingredientes restantes excepto la mostaza y vierta sobre la carne de cerdo. Dejar marinar durante al menos 2 horas, rociando con frecuencia. Cubra una lata para asar con papel de aluminio y coloque la carne de cerdo sobre una rejilla en la lata. Ase en un horno precalentado a 200 °C/400 °F/nivel de gas 6 durante 10 minutos y luego reduzca la temperatura a 160 °C/325 °F/nivel de gas 3 durante 1¾ horas más hasta que el cerdo esté tierno. Dejar enfriar y luego enfriar en el refrigerador. Cortar muy finamente. Mezcle el polvo de mostaza con suficiente agua para hacer una pasta cremosa para servir con la carne de cerdo.

cerdo asado chino

Para 6

1,25 kg/3 lb de carne de cerdo, en rodajas gruesas
2 dientes de ajo, finamente picados
30 ml/2 cucharadas de vino de arroz o jerez seco
15 ml/1 cucharada de azúcar moreno
15 ml/1 cucharada de miel
90 ml/6 cucharadas de salsa de soja
2,5 ml/½ cucharadita de cinco especias en polvo

Coloque la carne de cerdo en un plato poco profundo. Mezcle los ingredientes restantes, vierta sobre la carne de cerdo, cubra y deje marinar en el refrigerador durante la noche, volteando y rociando ocasionalmente.

Coloque las lonchas de cerdo sobre una rejilla en una fuente para horno llena con un poco de agua y rocíe bien con la marinada. Ase en un horno precalentado a 180 °C/350 °F/nivel de gas 5 durante aproximadamente 1 hora, rociando ocasionalmente, hasta que el cerdo esté cocido.

cerdo con espinacas

Sirve 6–8

30 ml/2 cucharadas de aceite de maní (maní)
1,25 kg/3 libras de lomo de cerdo
250 ml/8 fl oz/1 taza de caldo de pollo
15 ml/1 cucharada de azúcar moreno
60 ml/4 cucharadas de salsa de soja
900 g/2 libras de espinacas

Caliente el aceite y dore el cerdo por todos lados. Retire la mayor parte de la grasa. Agregue el caldo, el azúcar y la salsa de soja, hierva, cubra y cocine a fuego lento durante aproximadamente 2 horas hasta que el cerdo esté cocido. Retire la carne de la sartén y déjala enfriar un poco, luego córtela en rodajas. Agregue las espinacas a la sartén y cocine a fuego lento, revolviendo suavemente, hasta que se ablanden. Escurra las espinacas y colóquelas en un plato de servir caliente. Cubra con las rebanadas de cerdo y sirva.

Bolas De Cerdo Fritas

Para 4 personas

450 g/1 libra de carne de cerdo picada (molida)
1 rodaja de raíz de jengibre, picada
15 ml/1 cucharada de harina de maíz (fécula de maíz)
15 ml/1 cucharada de agua
2,5 ml/½ cucharadita de sal
10 ml/2 cucharaditas de salsa de soja
aceite para freír

Mezclar la carne de cerdo y el jengibre. Mezcle la harina de maíz, el agua, la sal y la salsa de soya, luego incorpore la mezcla al cerdo y mezcle bien. Forme bolas del tamaño de una nuez. Calienta el aceite y fríe las bolas de cerdo hasta que suban hasta la parte superior del aceite. Retire del aceite y vuelva a calentar. Regrese el cerdo a la sartén y fríalo por 1 minuto. Escurrir bien.

Rollitos De Huevo De Cerdo Y Gambas

Para 4 personas

30 ml/2 cucharadas de aceite de maní (maní)

225 g/8 oz carne de cerdo picada (molida)

225 g/8 oz de gambas

100 g/4 oz de hojas chinas, trituradas

100 g/4 oz de brotes de bambú cortados en tiras

100 g/4 oz de castañas de agua, cortadas en tiras

10 ml/2 cucharaditas de salsa de soja

5 ml/1 cucharadita de sal

5 ml/1 cucharadita de azúcar

3 cebolletas (cebolletas), finamente picadas

8 pieles de rollo de huevo

aceite para freír

Calienta el aceite y fríe la carne de cerdo hasta que selle. Añadir las gambas y saltear durante 1 minuto. Agregue las hojas chinas, los brotes de bambú, las castañas de agua, la salsa de soya, la sal y el azúcar y saltee durante 1 minuto, luego cubra y cocine a fuego lento durante 5 minutos. Incorporar las cebolletas, convertir en un colador y dejar escurrir.

Coloque unas cuantas cucharadas de la mezcla de relleno en el centro de cada capa de rollo de huevo, doble hacia arriba la parte inferior, doble hacia los lados y luego enrolle hacia arriba, envolviendo el relleno. Sella el borde con un poco de mezcla de harina y agua y deja secar durante 30 minutos. Caliente el aceite y fría los rollitos de huevo durante unos 10 minutos hasta que estén crujientes y dorados. Escurrir bien antes de servir.

Cerdo picado al vapor

Para 4 personas

450 g/1 libra de carne de cerdo picada (molida)
5 ml/1 cucharadita de harina de maíz (fécula de maíz)
2,5 ml/½ cucharadita de sal
10 ml/2 cucharaditas de salsa de soja

Mezcle la carne de cerdo con los ingredientes restantes y extienda la mezcla en una fuente para horno poco profunda. Coloque en una vaporera sobre agua hirviendo y cocine al vapor durante unos 30 minutos hasta que esté cocido. Servir caliente.

Cerdo frito con carne de cangrejo

Para 4 personas

225 g/8 oz de carne de cangrejo, en copos
100 g/4 oz de champiñones picados
100 g/4 oz de brotes de bambú picados
5 ml/1 cucharadita de harina de maíz (fécula de maíz)
2,5 ml/½ cucharadita de sal
225 g/8 oz de carne de cerdo cocida, en rodajas
1 clara de huevo, ligeramente batida
aceite para freír
15 ml/1 cucharada de perejil de hoja plana fresco picado

Mezcle la carne de cangrejo, los champiñones, los brotes de bambú, la mayor parte de la harina de maíz y la sal. Cortar la carne en cuadrados de 5 cm/2. Haz sándwiches con la mezcla de carne de cangrejo. Cubra con la clara de huevo. Calentar el aceite y freír los sándwiches unos pocos a la vez hasta que estén dorados. Escurrir bien. Servir espolvoreado con perejil.

Cerdo Con Brotes De Soja

Para 4 personas

30 ml/2 cucharadas de aceite de maní (maní)

2,5 ml/½ cucharadita de sal

2 dientes de ajo, triturados

450 g/1 libra de brotes de soja

225 g/8 oz de carne de cerdo cocida, en cubos

120 ml/4 fl oz/½ taza de caldo de pollo

15 ml/1 cucharada de salsa de soja

15 ml/1 cucharada de vino de arroz o jerez seco

5 ml/1 cucharadita de azúcar

15 ml/1 cucharada de harina de maíz (fécula de maíz)

2,5 ml/½ cucharadita de aceite de sésamo

3 cebolletas (cebolletas), picadas

Calienta el aceite y fríe la sal y el ajo hasta que estén ligeramente dorados. Agregue los brotes de soja y la carne de cerdo y saltee durante 2 minutos. Agregue la mitad del caldo, lleve a ebullición, cubra y cocine a fuego lento durante 3 minutos. Mezcle el caldo restante con el resto de los ingredientes, revuelva en la sartén, vuelva a hervir y cocine a fuego lento durante 4 minutos, revolviendo. Servir espolvoreado con cebolla tierna.

cerdo borracho

Para 6

1,25 kg/3 lb de carne de cerdo enrollada deshuesada
30 ml/2 cucharadas de sal
pimienta recién molida
1 cebolla tierna (cebollín), picada
2 dientes de ajo, picados
1 botella de vino blanco seco

Coloque la carne de cerdo en una sartén y agregue la sal, la pimienta, la cebolla tierna y el ajo. Cubra con agua hirviendo, vuelva a hervir, cubra y cocine a fuego lento durante 30 minutos. Retire la carne de cerdo de la sartén, deje enfriar y seque durante 6 horas o toda la noche en el refrigerador. Corte la carne de cerdo en trozos grandes y colóquela en un frasco grande con tapa de rosca. Cubra con el vino, selle y guarde en el refrigerador durante al menos 1 semana.

Pierna de cerdo al vapor

Sirve 6–8

1 pierna pequeña de cerdo
90 ml/6 cucharadas de salsa de soja
450 ml/¾ pt/2 tazas de agua
45 ml/3 cucharadas de azúcar moreno
15 ml/1 cucharada de vino de arroz o jerez seco
30 ml/2 cucharadas de aceite de maní (maní)
3 dientes de ajo, machacados
450 g/1 libra de espinacas
2,5 ml/½ cucharadita de sal
30 ml/2 cucharadas de harina de maíz (fécula de maíz)

Perfore la piel de cerdo por todas partes con un cuchillo puntiagudo y luego frote con 30 ml/2 cucharadas de salsa de soja. Coloque en una cacerola pesada con el agua, lleve a ebullición, cubra y cocine a fuego lento durante 40 minutos. Escurra, reservando el líquido, y deje que el cerdo se enfríe, luego colóquelo en un recipiente resistente al calor.

Mezcle 15 ml/1 cucharada de azúcar, el vino o el jerez y 30 ml/2 cucharadas de salsa de soja y luego frote sobre la carne de cerdo. Calienta el aceite y fríe el ajo hasta que esté ligeramente dorado. Agregue el azúcar restante y la salsa de soya, vierta la mezcla sobre la carne de cerdo y cubra el tazón. Coloque el tazón en un wok y llénelo con agua hasta la mitad de los lados. Cubra y cocine al vapor durante aproximadamente 1½ horas, completando con agua hirviendo según sea necesario. Cortar las espinacas en trozos de 5 cm/2 y espolvorear con sal. Lleve una cacerola con agua a ebullición y luego vierta sobre las espinacas. Dejar reposar durante 2 minutos hasta que las espinacas comiencen a ablandarse, luego escurrir y colocar en un plato de servir tibio. Coloque la carne de cerdo encima. Llevar el caldo de cerdo a ebullición. Mezcle la harina de maíz con un poco de agua, revuélvala en el caldo y cocine a fuego lento, revolviendo, hasta que la salsa se aclare y espese. Vierta sobre la carne de cerdo y sirva.

Cerdo asado salteado con verduras

Para 4 personas

50 g/2 oz/½ taza de almendras blanqueadas
30 ml/2 cucharadas de aceite de maní (maní)
sal
100 g/4 oz de champiñones cortados en cubitos
100 g/4 oz de brotes de bambú cortados en cubitos
1 cebolla, picada
2 tallos de apio, cortado en cubitos
100 g/4 oz tirabeques (guisantes), cortados en cubitos
4 castañas de agua, cortadas en cubitos
1 cebolla tierna (cebollín), picada
20 ml/4 fl oz/½ taza de caldo de pollo
225 g/8 oz Cerdo asado a la barbacoa, en cubos
15 ml/1 cucharada de harina de maíz (fécula de maíz)
45 ml/3 cucharadas de agua
2,5 ml/½ cucharadita de azúcar
pimienta recién molida

Tostar las almendras hasta que estén ligeramente doradas. Caliente el aceite y la sal, luego agregue las verduras y saltee durante 2 minutos hasta que se cubran con aceite. Agregue el caldo, lleve a ebullición, cubra y cocine a fuego lento durante 2 minutos hasta que las verduras estén casi cocidas pero aún crujientes. Agregue la carne de cerdo y caliente. Mezcle la harina de maíz, el agua, el azúcar y la pimienta y revuelva en la salsa. Cocine a fuego lento, revolviendo, hasta que la salsa se aclare y espese.

Cerdo Cocido Dos Veces

Para 4 personas

45 ml/3 cucharadas de aceite de cacahuete (maní)
6 cebolletas (cebolletas), picadas
1 diente de ajo, machacado
1 rodaja de raíz de jengibre, picada
2,5 ml/½ cucharadita de sal
225 g/8 oz de carne de cerdo cocida, en cubos
15 ml/1 cucharada de salsa de soja
15 ml/1 cucharada de vino de arroz o jerez seco
30 ml/2 cucharadas de pasta de guindillas

Calienta el aceite y fríe las cebolletas, el ajo, el jengibre y la sal hasta que estén ligeramente dorados. Agregue la carne de cerdo y saltee durante 2 minutos. Añada la salsa de soja, el vino o el jerez y la pasta de guindillas y saltee durante 3 minutos.

Riñones De Cerdo Con Mangetout

Para 4 personas

4 riñones de cerdo, cortados a la mitad y sin corazón
30 ml/2 cucharadas de aceite de maní (maní)
2,5 ml/½ cucharadita de sal
1 rodaja de raíz de jengibre, picada
3 tallos de apio, picados
1 cebolla, picada
30 ml/2 cucharadas de salsa de soja
15 ml/1 cucharada de vino de arroz o jerez seco
5 ml/1 cucharadita de azúcar
60 ml/4 cucharadas de caldo de pollo
225 g/8 oz de tirabeques (guisantes)
15 ml/1 cucharada de harina de maíz (fécula de maíz)
45 ml/3 cucharadas de agua

Sancochar los riñones durante 10 minutos, luego escurrir y enjuagar con agua fría. Calienta el aceite y fríe la sal y el jengibre durante unos segundos. Agregue los riñones y saltee durante 30 segundos hasta que se cubran con aceite. Agregue el apio y la cebolla y saltee durante 2 minutos. Añadir la salsa de soja, el vino o el jerez y el azúcar y saltear durante 1 minuto. Agregue el caldo, lleve a ebullición, cubra y cocine a fuego lento durante 1 minuto. Agregue el tirabeques, cubra y cocine a fuego lento durante 1 minuto. Mezcle la harina de maíz y el agua, luego revuélvala en la salsa y cocine a fuego lento hasta que la salsa se aclare y espese. Servir de una vez.

Jamón Cocido Rojo con Castañas

Sirve 4–6

1,25 kg/3 libras de jamón
2 cebolletas (cebolletas), partidas por la mitad
2 dientes de ajo, triturados
45 ml/3 cucharadas de azúcar moreno
30 ml/2 cucharadas de vino de arroz o jerez seco
60 ml/4 cucharadas de salsa de soja
450 ml/¾ pt/2 tazas de agua
350 g/12 oz de castañas

En una sartén colocar el jamón con las cebolletas, el ajo, el azúcar, el vino o jerez, la salsa de soja y el agua. Lleve a ebullición, cubra y cocine a fuego lento durante aproximadamente 1 hora y media, volteando el jamón de vez en cuando. Blanquear las castañas en agua hirviendo durante 5 minutos y luego escurrir. Agregue al jamón, cubra y cocine a fuego lento durante 1 hora más, volteando el jamón una o dos veces.

Bolas De Huevo Y Jamón Fritas

Para 4 personas

225 g/8 oz de jamón ahumado picado
2 cebolletas (cebolletas), picadas
3 huevos batidos
4 rebanadas de pan duro
10 ml/2 cucharadas de harina normal (para todo uso)
2,5 ml/½ cucharadita de sal
aceite para freír

Mezclar el jamón, las cebolletas y los huevos. Hacer el pan en migas y mezclarlo con el jamón con la harina y la sal. Forme bolas del tamaño de una nuez. Calienta el aceite y fríe las albóndigas hasta que estén doradas. Escurrir bien sobre papel de cocina.

jamón y piña

Para 4 personas

4 hongos chinos secos
15 ml/1 cucharada de aceite de cacahuete (maní)
1 diente de ajo, machacado
50 g/2 oz castañas de agua, en rodajas
50 g/2 oz de brotes de bambú
225 g/8 oz de jamón picado
225 g/8 oz de trozos de piña en lata en jugo de frutas
120 ml/4 fl oz/½ taza de caldo de pollo
15 ml/1 cucharada de salsa de soja
15 ml/1 cucharada de harina de maíz (fécula de maíz)

Remoje los champiñones en agua tibia durante 30 minutos y luego escúrralos. Deseche los tallos y corte las tapas. Calienta el aceite y fríe el ajo hasta que esté ligeramente dorado. Agregue los champiñones, las castañas de agua y los brotes de bambú y saltee durante 2 minutos. Agregue el jamón y los trozos de piña escurridos y saltee durante 1 minuto. Agregue 30 ml/2 cucharadas del jugo de la piña, la mayor parte del caldo de pollo y la salsa de soya. Llevar a ebullición, tapar y cocinar a fuego lento durante 5 minutos. Mezcle la harina de maíz con el caldo restante y revuélvalo en la salsa. Cocine a fuego lento, revolviendo, hasta que la salsa se aclare y espese.

Salteado De Jamón Y Espinacas

Para 4 personas

30 ml/2 cucharadas de aceite de maní (maní)

2,5 ml/½ cucharadita de sal

1 diente de ajo, picado

2 cebolletas (cebolletas), picadas

225 g/8 oz de jamón cortado en cubitos

450 g/1 libra de espinacas, ralladas

60 ml/4 cucharadas de caldo de pollo

15 ml/1 cucharada de harina de maíz (fécula de maíz)

15 ml/1 cucharada de salsa de soja

45 ml/3 cucharadas de agua

5 ml/1 cucharadita de azúcar

Calienta el aceite y fríe la sal, el ajo y las cebolletas hasta que estén ligeramente dorados. Añadir el jamón y saltear durante 1 minuto. Agregue las espinacas y revuelva hasta que estén cubiertas de aceite. Agregue el caldo, lleve a ebullición, cubra y cocine a fuego lento durante 2 minutos hasta que las espinacas comiencen a marchitarse. Mezcle la harina de maíz, la salsa de soya, el agua y el azúcar y luego revuélvalos en la sartén. Cocine a fuego lento, revolviendo, hasta que la salsa espese.

Salteado de pollo simple

Para 4 personas

1 pechuga de pollo, en rodajas finas
2 rebanadas de raíz de jengibre, picadas
2 cebolletas (cebolletas), picadas
15 ml/1 cucharada de harina de maíz (fécula de maíz)
15 ml/1 cucharada de vino de arroz o jerez seco
30 ml/2 cucharadas de agua
2,5 ml/½ cucharadita de sal
45 ml/3 cucharadas de aceite de cacahuete (maní)
100 g/4 oz de brotes de bambú, en rodajas
100 g/4 oz de champiñones, en rodajas
100 g/4 oz de brotes de soja
15 ml/1 cucharada de salsa de soja
5 ml/1 cucharadita de azúcar
120 ml/4 fl oz/½ taza de caldo de pollo

Coloque el pollo en un tazón. Mezclar el jengibre, las cebolletas, la harina de maíz, el vino o jerez, el agua y la sal, incorporar al pollo y dejar reposar durante 1 hora. Caliente la mitad del aceite y saltee el pollo hasta que esté ligeramente dorado y luego retírelo de la sartén. Caliente el aceite restante y saltee los brotes de bambú, los champiñones y los brotes de soja durante 4 minutos. Agregue la salsa de soja, el azúcar y el caldo, hierva, cubra y cocine a fuego lento durante 5 minutos hasta que las verduras estén tiernas. Regrese el pollo a la sartén, revuelva bien y vuelva a calentar suavemente antes de servir.

Pollo En Salsa De Tomate

Para 4 personas

30 ml/2 cucharadas de aceite de maní (maní)
5 ml/1 cucharadita de sal
2 dientes de ajo, triturados
450 g/1 libra de pollo, en cubos
300 ml/½ pt/1¼ tazas de caldo de pollo
120 ml/4 fl oz/½ taza de salsa de tomate (ketchup)
15 ml/1 cucharada de harina de maíz (fécula de maíz)
4 cebolletas (cebolletas), en rodajas

Calienta el aceite con la sal y el ajo hasta que el ajo esté ligeramente dorado. Agregue el pollo y saltee hasta que esté ligeramente dorado. Agregue la mayor parte del caldo, hierva, cubra y cocine a fuego lento durante unos 15 minutos hasta que el pollo esté tierno. Revuelva el caldo restante con el ketchup y la harina de maíz y revuélvalo en la sartén. Cocine a fuego lento, revolviendo, hasta que la salsa espese y se aclare. Si la salsa es demasiado líquida, déjela a fuego lento durante un rato hasta que se haya reducido. Agregue las cebolletas y cocine a fuego lento durante 2 minutos antes de servir.

pollo con tomates

Para 4 personas

225 g/8 oz de pollo cortado en cubitos
15 ml/1 cucharada de harina de maíz (fécula de maíz)
15 ml/1 cucharada de salsa de soja
15 ml/1 cucharada de vino de arroz o jerez seco
45 ml/3 cucharadas de aceite de cacahuete (maní)
1 cebolla, picada
60 ml/4 cucharadas de caldo de pollo
5 ml/1 cucharadita de sal
5 ml/1 cucharadita de azúcar
2 tomates, pelados y cortados en cubitos

Mezclar el pollo con la harina de maíz, la salsa de soja y el vino o jerez y dejar reposar durante 30 minutos. Calienta el aceite y fríe el pollo hasta que tome un color claro. Agregue la cebolla y saltee hasta que se ablande. Añadir el caldo, la sal y el azúcar, llevar a ebullición y remover suavemente a fuego lento hasta que el pollo esté cocido. Agregue los tomates y revuelva hasta que se caliente por completo.

Pollo Escalfado Con Tomates

Para 4 personas

4 porciones de pollo

4 tomates, pelados y cortados en cuartos

15 ml/1 cucharada de vino de arroz o jerez seco

15 ml/1 cucharada de aceite de cacahuete (maní)

sal

Coloque el pollo en una sartén y cubra con agua fría. Llevar a ebullición, tapar y cocinar a fuego lento durante 20 minutos. Agregue los tomates, el vino o jerez, el aceite y la sal, tape y cocine a fuego lento durante 10 minutos más hasta que el pollo esté cocido. Coloque el pollo en un plato para servir caliente y córtelo en porciones para servir. Vuelva a calentar la salsa y vierta sobre el pollo para servir.

Pollo Y Tomates Con Salsa De Frijoles Negros

Para 4 personas

45 ml/3 cucharadas de aceite de cacahuete (maní)
1 diente de ajo, machacado
45 ml/3 cucharadas de salsa de frijoles negros
225 g/8 oz de pollo cortado en cubitos
15 ml/1 cucharada de vino de arroz o jerez seco
5 ml/1 cucharadita de azúcar
15 ml/1 cucharada de salsa de soja
90 ml/6 cucharadas de caldo de pollo
3 tomates, pelados y cortados en cuartos
10 ml/2 cucharaditas de harina de maíz (fécula de maíz)
45 ml/3 cucharadas de agua

Calentar el aceite y sofreír los ajos durante 30 segundos. Agregue la salsa de frijoles negros y fría durante 30 segundos, luego agregue el pollo y revuelva hasta que esté bien cubierto con aceite. Agregue el vino o el jerez, el azúcar, la salsa de soja y el caldo, lleve a ebullición, cubra y cocine a fuego lento durante unos 5 minutos hasta que el pollo esté cocido. Mezcle la harina de maíz y el agua hasta obtener una pasta, revuélvala en la sartén y cocine a fuego lento, revolviendo, hasta que la salsa se aclare y espese.

Pollo Cocido Rápido Con Verduras

Para 4 personas

1 clara de huevo
50 g/2 oz de harina de maíz (fécula de maíz)
225 g/8 oz de pechugas de pollo cortadas en tiras
75 ml/5 cucharadas de aceite de maní (maní)
200 g/7 oz de brotes de bambú cortados en tiras
50 g/2 oz de brotes de soja
1 pimiento verde, cortado en tiras
3 cebolletas (cebolletas), en rodajas
1 rodaja de raíz de jengibre, picada
1 diente de ajo, picado
15 ml/1 cucharada de vino de arroz o jerez seco

Batir la clara de huevo y la harina de maíz y luego sumergir las tiras de pollo en la mezcla. Caliente el aceite a temperatura moderada y fría el pollo durante unos minutos hasta que esté cocido. Retirar de la sartén y escurrir bien. Agregue los brotes de bambú, los brotes de soja, la pimienta, la cebolla, el jengibre y el ajo a la sartén y saltee durante 3 minutos. Agrega el vino o el jerez y regresa el pollo a la sartén. Revuelva bien y caliente antes de servir.

Pollo a la nuez

Para 4 personas

45 ml/3 cucharadas de aceite de cacahuete (maní)
2 cebolletas (cebolletas), picadas
1 rodaja de raíz de jengibre, picada
450 g/1 lb de pechuga de pollo, en rodajas muy finas
50 g/2 oz de jamón, desmenuzado
30 ml/2 cucharadas de salsa de soja
30 ml/2 cucharadas de vino de arroz o jerez seco
5 ml/1 cucharadita de azúcar
5 ml/1 cucharadita de sal
100 g/4 oz/1 taza de nueces picadas

Caliente el aceite y sofría la cebolla y el jengibre durante 1 minuto. Agregue el pollo y el jamón y saltee durante 5 minutos hasta que esté casi cocido. Añadir la salsa de soja, el vino o jerez, el azúcar y la sal y saltear durante 3 minutos. Agregue las nueces y saltee durante 1 minuto hasta que los ingredientes estén bien mezclados.

Pollo con Nueces

Para 4 personas

100 g/4 oz/1 taza de nueces sin cáscara, partidas por la mitad
aceite para freír
45 ml/3 cucharadas de aceite de cacahuete (maní)
2 rebanadas de raíz de jengibre, picadas
225 g/8 oz de pollo cortado en cubitos
100 g/4 oz de brotes de bambú, en rodajas
75 ml/5 cucharadas de caldo de pollo

Preparar las nueces, calentar el aceite y freír las nueces hasta que estén doradas y escurrir bien. Calienta el aceite de cacahuete y fríe el jengibre durante 30 segundos. Agregue el pollo y saltee hasta que esté ligeramente dorado. Agregue los ingredientes restantes, lleve a ebullición y cocine a fuego lento, revolviendo, hasta que el pollo esté cocido.

Pollo con Castañas de Agua

Para 4 personas

45 ml/3 cucharadas de aceite de cacahuete (maní)

2 dientes de ajo, triturados

2 cebolletas (cebolletas), picadas

1 rodaja de raíz de jengibre, picada

225 g/8 oz de pechuga de pollo, cortada en tiras

100 g/4 oz de castañas de agua, cortadas en rodajas

45 ml/3 cucharadas de salsa de soja

15 ml/1 cucharada de vino de arroz o jerez seco

5 ml/1 cucharadita de harina de maíz (fécula de maíz)

Calienta el aceite y fríe el ajo, las cebolletas y el jengibre hasta que estén ligeramente dorados. Agregue el pollo y saltee durante 5 minutos. Añadir las castañas de agua y saltear durante 3 minutos. Agregue la salsa de soja, el vino o el jerez y la harina de maíz y saltee durante unos 5 minutos hasta que el pollo esté bien cocido.

Pollo salado con castañas de agua

Para 4 personas

30 ml/2 cucharadas de aceite de maní (maní)

4 piezas de pollo

3 cebolletas (cebolletas), picadas

2 dientes de ajo, triturados

1 rodaja de raíz de jengibre, picada

250 ml/8 fl oz/1 taza de salsa de soya

30 ml/2 cucharadas de vino de arroz o jerez seco

30 ml/2 cucharadas de azúcar moreno

5 ml/1 cucharadita de sal

375 ml/13 fl oz/1¼ tazas de agua

225 g/8 oz castañas de agua, rebanadas

15 ml/1 cucharada de harina de maíz (fécula de maíz)

Calienta el aceite y fríe los trozos de pollo hasta que estén dorados. Añadir las cebolletas, el ajo y el jengibre y sofreír durante 2 minutos. Agregue la salsa de soja, el vino o el jerez, el azúcar y la sal y mezcle bien. Agregue el agua y lleve a ebullición, cubra y cocine a fuego lento durante 20 minutos. Añadir las castañas de agua, tapar y cocinar durante 20 minutos más. Mezcle la harina de maíz con un poco de agua, revuélvala en la salsa y cocine a fuego lento, revolviendo, hasta que la salsa se aclare y espese.

wontones de pollo

Para 4 personas

4 hongos chinos secos
450 g/1 libra de pechuga de pollo desmenuzada
225 g/8 oz vegetales mixtos, picados
1 cebolla tierna (cebollín), picada
15 ml/1 cucharada de salsa de soja
2,5 ml/½ cucharadita de sal
40 pieles wonton
1 huevo batido

Remoje los champiñones en agua tibia durante 30 minutos y luego escúrralos. Desechar los tallos y picar los sombreros. Mezclar con el pollo, las verduras, la salsa de soja y la sal.

Para doblar los wontons, sujeta la piel con la palma de la mano izquierda y vierte un poco de relleno en el centro. Humedecer los bordes con huevo y doblar la piel en forma de triángulo, sellando los bordes. Humedezca las esquinas con huevo y gírelas.

Llevar una cacerola de agua a ebullición. Coloque los wontons y cocine a fuego lento durante unos 10 minutos hasta que floten en la parte superior.

Alitas De Pollo Crujientes

Para 4 personas

900 g/2 libras de alitas de pollo
60 ml/4 cucharadas de vino de arroz o jerez seco
60 ml/4 cucharadas de salsa de soja
50 g/2 oz/½ taza de harina de maíz (fécula de maíz)
aceite de maní (maní) para freír

Coloque las alitas de pollo en un tazón. Mezcle los ingredientes restantes y vierta sobre las alitas de pollo, revolviendo bien para que se cubran con la salsa. Tapar y dejar reposar durante 30 minutos. Calienta el aceite y fríe el pollo poco a poco hasta que esté bien cocido y de color marrón oscuro. Escurre bien sobre papel de cocina y mantén caliente mientras fríes el resto del pollo.

Alitas de pollo con cinco especias

Para 4 personas

30 ml/2 cucharadas de aceite de maní (maní)

2 dientes de ajo, triturados

450 g/1 libra de alitas de pollo

250 ml/8 fl oz/1 taza de caldo de pollo

30 ml/2 cucharadas de salsa de soja

5 ml/1 cucharadita de azúcar

5 ml/1 cucharadita de polvo de cinco especias

Caliente el aceite y el ajo hasta que el ajo esté ligeramente dorado. Agrega el pollo y fríelo hasta que esté ligeramente dorado. Agregue los ingredientes restantes, revolviendo bien, y lleve a ebullición. Tape y cocine a fuego lento durante unos 15 minutos hasta que el pollo esté bien cocido. Retire la tapa y continúe cocinando a fuego lento, revolviendo ocasionalmente, hasta que casi todo el líquido se haya evaporado. Servir caliente o frío.

Alitas De Pollo Marinadas

Para 4 personas

45 ml/3 cucharadas de salsa de soja
45 ml/3 cucharadas de vino de arroz o jerez seco
30 ml/2 cucharadas de azúcar moreno
5 ml/1 cucharadita de raíz de jengibre rallada
2 dientes de ajo, triturados
6 cebolletas (cebolletas), en rodajas
450 g/1 libra de alitas de pollo
30 ml/2 cucharadas de aceite de maní (maní)
225 g/8 oz de brotes de bambú, en rodajas
20 ml/4 cucharaditas de harina de maíz (fécula de maíz)
175 ml/6 fl oz/¾ taza de caldo de pollo

Mezcle la salsa de soja, el vino o el jerez, el azúcar, el jengibre, el ajo y las cebolletas. Agregue las alitas de pollo y revuelva para cubrir completamente. Tape y deje reposar durante 1 hora, revolviendo ocasionalmente. Calienta el aceite y saltea los brotes de bambú durante 2 minutos. Retirarlos de la sartén. Escurra el pollo y las cebollas, reservando la marinada. Vuelva a calentar el aceite y saltee el pollo hasta que se dore por todos lados. Tape y cocine por otros 20 minutos hasta que el pollo esté tierno. Licuar la maizena con el caldo y la marinada reservada. Verter sobre el pollo y llevar a ebullición, revolviendo, hasta que la salsa espese. Agregue los brotes de bambú y cocine a fuego lento, revolviendo, durante 2 minutos más.

Alitas de pollo reales

Para 4 personas

12 alitas de pollo
250 ml/8 fl oz/1 taza de aceite de maní
15 ml/1 cucharada de azúcar granulada
2 cebolletas (cebolletas), cortadas en trozos
5 rodajas de raíz de jengibre
5 ml/1 cucharadita de sal
45 ml/3 cucharadas de salsa de soja
250 ml/8 fl oz/1 taza de vino de arroz o jerez seco
250 ml/8 fl oz/1 taza de caldo de pollo
10 rodajas de brotes de bambú
15 ml/1 cucharada de harina de maíz (fécula de maíz)
15 ml/1 cucharada de agua
2,5 ml/½ cucharadita de aceite de sésamo

Blanquear las alitas de pollo en agua hirviendo durante 5 minutos y luego escurrir bien. Caliente el aceite, agregue el azúcar y revuelva hasta que se derrita y se dore. Agregue el pollo, las cebolletas, el jengibre, la sal, la salsa de soja, el vino y el caldo, lleve a ebullición y cocine a fuego lento durante 20 minutos. Agregue los brotes de bambú y cocine a fuego lento durante 2 minutos o hasta que el líquido se haya evaporado casi por completo. Licúa la harina de maíz con el agua, revuélvela en la sartén y remueve hasta que espese. Transfiera las alitas de pollo a un plato de servir caliente y sírvalas espolvoreadas con aceite de sésamo.

Alitas de pollo especiadas

Para 4 personas

30 ml/2 cucharadas de aceite de maní (maní)
5 ml/1 cucharadita de sal
2 dientes de ajo, triturados
900 g/2 libras de alitas de pollo
30 ml/2 cucharadas de vino de arroz o jerez seco
30 ml/2 cucharadas de salsa de soja
30 ml/2 cucharadas de puré de tomate (pasta)
15 ml/1 cucharada de salsa Worcestershire

Calentar el aceite, la sal y el ajo y freír hasta que el ajo se ponga dorado claro. Agrega las alitas de pollo y fríe, revolviendo con frecuencia, durante unos 10 minutos hasta que estén doradas y casi cocidas. Agregue los ingredientes restantes y saltee durante unos 5 minutos hasta que el pollo esté crujiente y bien cocido.

Muslos De Pollo A La Barbacoa

Para 4 personas

16 muslos de pollo
30 ml/2 cucharadas de vino de arroz o jerez seco
30 ml/2 cucharadas de vinagre de vino
30 ml/2 cucharadas de aceite de oliva
sal y pimienta recién molida
120 ml/4 fl oz/½ taza de jugo de naranja
30 ml/2 cucharadas de salsa de soja
30 ml/2 cucharadas de miel
15 ml/1 cucharada de jugo de limón
2 rebanadas de raíz de jengibre, picadas
120 ml/4 fl oz/½ taza de salsa picante

Mezcle todos los ingredientes excepto la salsa picante, cubra y deje marinar en el refrigerador durante la noche. Retire el pollo de la marinada y cocine a la parrilla o a la parrilla (a la parrilla) durante aproximadamente 25 minutos, volteándolo y rociándolo con la salsa picante mientras cocina.

Muslos De Pollo Hoisin

Para 4 personas

8 muslos de pollo
600 ml/1 pt/2½ tazas de caldo de pollo
sal y pimienta recién molida
250 ml/8 fl oz/1 taza de salsa hoisin
30 ml/2 cucharadas de harina normal (para todo uso)
2 huevos batidos
100 g/4 oz/1 taza de pan rallado
aceite para freír

Coloque las baquetas y el caldo en una cacerola, lleve a ebullición, cubra y cocine a fuego lento durante 20 minutos hasta que esté cocido. Retire el pollo de la sartén y séquelo sobre papel de cocina. Coloque el pollo en un tazón y sazone con sal y pimienta. Vierta sobre la salsa hoisin y deje marinar durante 1 hora. Drenar. Mezcle el pollo en la harina, luego cúbralo con los huevos y el pan rallado, luego con el huevo y el pan rallado nuevamente. Calienta el aceite y fríe el pollo durante unos 5 minutos hasta que esté dorado. Escurrir sobre papel de cocina y servir frío o caliente.

Pollo Estofado

Sirve 4–6

75 ml/5 cucharadas de aceite de maní (maní)
1 pollo
3 cebolletas (cebolletas), en rodajas
3 rodajas de raíz de jengibre
120 ml/4 fl oz/½ taza de salsa de soya
30 ml/2 cucharadas de vino de arroz o jerez seco
5 ml/1 cucharadita de azúcar

Calienta el aceite y fríe el pollo hasta que se dore. Agregue las cebolletas, el jengibre, la salsa de soya y el vino o jerez, y deje hervir. Tape y cocine a fuego lento durante 30 minutos, volteando ocasionalmente. Agregue el azúcar, cubra y cocine a fuego lento durante 30 minutos más hasta que el pollo esté cocido.

Pollo frito crujiente

Para 4 personas

1 pollo

sal

30 ml/2 cucharadas de vino de arroz o jerez seco

3 cebolletas (cebolletas), picadas

1 rodaja de raíz de jengibre

30 ml/2 cucharadas de salsa de soja

30 ml/2 cucharadas de azúcar

5 ml/1 cucharadita de clavo entero

5 ml/1 cucharadita de sal

5 ml/1 cucharadita de granos de pimienta

150 ml/¼ pt/½ taza generosa de caldo de pollo

aceite para freír

1 lechuga, rallada

4 tomates, en rodajas

½ pepino, en rodajas

Frote el pollo con sal y déjelo reposar durante 3 horas. Enjuague y coloque en un recipiente. Agregue el vino o el jerez, el jengibre, la salsa de soja, el azúcar, el clavo, la sal, los granos de pimienta y el caldo y rocíe bien. Coloque el tazón en una vaporera, cubra y cocine al vapor durante aproximadamente 2¼ horas hasta que el pollo esté completamente cocido. Drenar. Caliente el aceite hasta que humee, luego agregue el pollo y fríalo hasta que se dore. Freír durante 5 minutos más, luego retirar del aceite y escurrir. Cortar en trozos y disponer en un plato de servir caliente. Adorne con la lechuga, los tomates y el pepino y sirva con un dip de pimienta y sal.

Pollo entero frito

5 porciones

1 pollo
10 ml/2 cucharaditas de sal
15 ml/1 cucharada de vino de arroz o jerez seco
2 cebolletas (cebolletas), partidas por la mitad
3 rebanadas de raíz de jengibre, cortadas en tiras
aceite para freír

Seque el pollo y frote la piel con sal y vino o jerez. Coloque las cebolletas y el jengibre dentro de la cavidad. Cuelgue el pollo para que se seque en un lugar fresco durante unas 3 horas. Caliente el aceite y coloque el pollo en una canasta para freír. Baje suavemente en el aceite y rocíe continuamente por dentro y por fuera hasta que el pollo esté ligeramente coloreado. Retire del aceite y deje que se enfríe un poco mientras recalienta el aceite. Freír de nuevo hasta que estén doradas. Escurrir bien y luego cortar en trozos.

Pollo a las cinco especias

Sirve 4–6

1 pollo
120 ml/4 fl oz/½ taza de salsa de soya
2,5 cm / 1 pieza de raíz de jengibre, picada
1 diente de ajo, machacado
15 ml/1 cucharada de polvo de cinco especias
30 ml/2 cucharadas de vino de arroz o jerez seco
30 ml/2 cucharadas de miel
2,5 ml/½ cucharadita de aceite de sésamo
aceite para freír
30 ml/2 cucharadas de sal
5 ml/1 cucharadita de pimienta recién molida

Coloque el pollo en una cacerola grande y llénelo con agua hasta la mitad del muslo. Reserve 15 ml/1 cucharada de salsa de soja y agregue el resto a la sartén con el jengibre, el ajo y la mitad del polvo de cinco especias. Llevar a ebullición, tapar y cocinar a fuego lento durante 5 minutos. Apague el fuego y deje reposar el pollo en el agua hasta que el agua esté tibia. Drenar.

Corte el pollo por la mitad a lo largo y colóquelo con el lado cortado hacia abajo en una asadera. Mezcle la salsa de soja restante y el polvo de cinco especias con el vino o el jerez, la miel y el aceite de sésamo. Frote la mezcla sobre el pollo y deje reposar durante 2 horas, untando de vez en cuando con la mezcla. Caliente el aceite y fría las mitades de pollo durante unos 15 minutos hasta que estén doradas y bien cocidas. Escurrir sobre papel de cocina y cortar en porciones del tamaño de una porción.

Mientras tanto, mezcle la sal y la pimienta y caliente en una sartén seca durante unos 2 minutos. Servir como dip con el pollo.

Pollo con Cebolleta y Jengibre

Para 4 personas

1 pollo

2 rodajas de raíz de jengibre, cortadas en tiras

sal y pimienta recién molida

90 ml/4 cucharadas de aceite de cacahuete (maní)

8 cebolletas (cebolletas), finamente picadas

10 ml/2 cucharaditas de vinagre de vino blanco

5 ml/1 cucharadita de salsa de soja

Coloque el pollo en una cacerola grande, agregue la mitad del jengibre y vierta suficiente agua casi para cubrir el pollo. Condimentar con sal y pimienta. Lleve a ebullición, cubra y cocine a fuego lento durante aproximadamente 1¼ horas hasta que estén tiernos. Dejar reposar el pollo en el caldo hasta que se enfríe. Escurrir el pollo y refrigerar hasta que esté frío. Cortar en porciones.

Ralla el jengibre restante y mézclalo con el aceite, las cebolletas, el vinagre de vino y la salsa de soja y salpimienta. Refrigera por 1 hora. Coloque los trozos de pollo en un tazón para servir y vierta sobre el aderezo de jengibre. Servir con arroz al vapor.

pollo escalfado

Para 4 personas

1 pollo
1.2 l/2 pts/5 tazas de caldo de pollo o agua
30 ml/2 cucharadas de vino de arroz o jerez seco
4 cebolletas (cebolletas), picadas
1 rodaja de raíz de jengibre
5 ml/1 cucharadita de sal

Coloque el pollo en una cacerola grande con todos los ingredientes restantes. El caldo o el agua debe llegar hasta la mitad del muslo. Lleve a ebullición, cubra y cocine a fuego lento durante aproximadamente 1 hora hasta que el pollo esté bien cocido. Escurrir, reservando el caldo para sopas.

Pollo Cocido Rojo

Para 4 personas

1 pollo

250 ml/8 fl oz/1 taza de salsa de soya

Coloque el pollo en una sartén, vierta sobre la salsa de soya y complete con agua casi hasta cubrir el pollo. Lleve a ebullición, cubra y cocine a fuego lento durante aproximadamente 1 hora hasta que el pollo esté cocido, volteándolo ocasionalmente.

Pollo especiado cocido al rojo

Para 4 personas

2 rodajas de raíz de jengibre
2 cebolletas (cebolletas)
1 pollo
3 dientes de anís estrellado
½ rama de canela
15 ml/1 cucharada de granos de pimienta de Szechuan
75 ml/5 cucharadas de salsa de soja
75 ml/5 cucharadas de vino de arroz o jerez seco
75 ml/5 cucharadas de aceite de sésamo
15 ml/1 cucharada de azúcar

Coloque el jengibre y las cebolletas dentro de la cavidad del pollo y coloque el pollo en una sartén. Ate el anís estrellado, la canela y los granos de pimienta en una muselina y añádalo a la sartén. Verter sobre la salsa de soja, el vino o jerez y el aceite de sésamo. Llevar a ebullición, tapar y cocinar a fuego lento durante unos 45 minutos. Agregue el azúcar, cubra y cocine a fuego lento durante otros 10 minutos hasta que el pollo esté bien cocido.

Pollo asado con sésamo

Para 4 personas

50 g/2 onzas de semillas de sésamo

1 cebolla, finamente picada

2 dientes de ajo, picados

10 ml/2 cucharaditas de sal

1 pimiento rojo seco, triturado

pizca de clavo molido

2,5 ml/½ cucharadita de cardamomo molido

2,5 ml/½ cucharadita de jengibre molido

75 ml/5 cucharadas de aceite de maní (maní)

1 pollo

Mezcle todos los condimentos y el aceite y cepille sobre el pollo. Colóquelo en una fuente para horno y agregue 30 ml/2 cucharadas de agua a la fuente. Ase en un horno precalentado a 180 °C/350 °F/nivel de gas 4 durante unas 2 horas, rociando y volteando el pollo de vez en cuando, hasta que esté dorado y bien cocido. Agregue un poco más de agua, si es necesario, para evitar que se queme.

Pollo en Salsa de Soya

Sirve 4–6

300 ml/½ pt/1¼ tazas de salsa de soya
300 ml/½ pt/1¼ tazas de vino de arroz o jerez seco
1 cebolla, picada
3 rebanadas de raíz de jengibre, picadas
50 g/2 oz/¼ taza de azúcar
1 pollo
15 ml/1 cucharada de harina de maíz (fécula de maíz)
60 ml/4 cucharadas de agua
1 pepino, pelado y en rodajas
30 ml/2 cucharadas de perejil fresco picado

Mezclar la salsa de soja, el vino o el jerez, la cebolla, el jengibre y el azúcar en una cacerola y llevar a ebullición. Agregue el pollo, vuelva a hervir, cubra y cocine a fuego lento durante 1 hora, volteando el pollo de vez en cuando, hasta que esté cocido. Transfiera el pollo a un plato de servir caliente y corte. Vierta todo menos 250 ml/8 fl oz/1 taza del líquido de cocción y vuelva a hervir. Mezcle la harina de maíz y el agua hasta obtener una pasta, revuélvala en la sartén y cocine a fuego lento, revolviendo, hasta que la salsa se aclare y espese. Unta un poco de la salsa sobre el pollo y decora el pollo con pepino y perejil. Sirva la salsa restante por separado.

pollo al vapor

Para 4 personas

1 pollo

45 ml/3 cucharadas de vino de arroz o jerez seco

sal

2 rodajas de raíz de jengibre

2 cebolletas (cebolletas)

250 ml/8 fl oz/1 taza de caldo de pollo

Coloque el pollo en un recipiente apto para horno y frote con vino o jerez y sal y coloque el jengibre y las cebolletas dentro de la cavidad. Coloque el tazón sobre una rejilla en una vaporera, cubra y cocine al vapor sobre agua hirviendo durante aproximadamente 1 hora hasta que esté bien cocido. Servir caliente o frío.

Pollo al Vapor con Anís

Para 4 personas

250 ml/8 fl oz/1 taza de salsa de soya
250 ml/8 fl oz/1 taza de agua
15 ml/1 cucharada de azúcar moreno
4 dientes de anís estrellado
1 pollo

Mezclar la salsa de soja, el agua, el azúcar y el anís en un cazo y llevar a ebullición a fuego suave. Coloque el pollo en un tazón y rocíe bien con la mezcla por dentro y por fuera. Vuelva a calentar la mezcla y repita. Coloque el pollo en un recipiente apto para horno. Coloque el tazón sobre una rejilla en una vaporera, cubra y cocine al vapor sobre agua hirviendo durante aproximadamente 1 hora hasta que esté bien cocido.

Pollo con sabor extraño

Para 4 personas

1 pollo
5 ml/1 cucharadita de raíz de jengibre picada
5 ml/1 cucharadita de ajo picado
45 ml/3 cucharadas de salsa de soja espesa
5 ml/1 cucharadita de azúcar
2,5 ml/½ cucharadita de vinagre de vino
10 ml/2 cucharaditas de salsa de sésamo
5 ml/1 cucharadita de pimienta recién molida
10 ml/2 cucharaditas de aceite de chile
½ lechuga, rallada
15 ml/1 cucharada de cilantro fresco picado

Coloque el pollo en una cacerola y llénelo con agua hasta la mitad de las patas de pollo. Lleve a ebullición, cubra y cocine a fuego lento durante aproximadamente 1 hora hasta que el pollo esté tierno. Retirar de la sartén y escurrir bien y remojar en agua helada hasta que la carne se enfríe por completo. Escurrir bien y cortar en trozos de 5 cm/2. Mezcle todos los ingredientes restantes y vierta sobre el pollo. Sirva adornado con lechuga y cilantro.

Trozos de pollo crujientes

Para 4 personas

100 g/4 oz de harina normal (para todo uso)

pizca de sal

15 ml/1 cucharada de agua

1 huevo

350 g/12 oz de pollo cocido, en cubos

aceite para freír

Mezcle la harina, la sal, el agua y el huevo hasta obtener una masa bastante espesa, agregando un poco más de agua si es necesario. Sumerja los trozos de pollo en la masa hasta que estén bien cubiertos. Calienta el aceite hasta que esté muy caliente y fríe el pollo durante unos minutos hasta que esté crujiente y dorado.

Pollo Con Judías Verdes

Para 4 personas

45 ml/3 cucharadas de aceite de cacahuete (maní)
450 g/1 libra de pollo cocido, desmenuzado
5 ml/1 cucharadita de sal
2,5 ml/½ cucharadita de pimienta recién molida
225 g/8 oz de judías verdes cortadas en trozos
1 tallo de apio, en rodajas diagonales
225 g/8 oz de champiñones en rodajas
250 ml/8 fl oz/1 taza de caldo de pollo
30 ml/2 cucharadas de harina de maíz (fécula de maíz)
60 ml/4 cucharadas de agua
10 ml/2 cucharaditas de salsa de soja

Calienta el aceite y fríe el pollo, salpimienta hasta que esté ligeramente dorado. Agregue los frijoles, el apio y los champiñones y mezcle bien. Agregue el caldo, lleve a ebullición, cubra y cocine a fuego lento durante 15 minutos. Mezcle la harina de maíz, el agua y la salsa de soya hasta obtener una pasta, revuélvala en la sartén y cocine a fuego lento, revolviendo, hasta que la salsa se aclare y espese.

Pollo Cocido Con Piña

Para 4 personas

45 ml/3 cucharadas de aceite de cacahuete (maní)
225 g/8 oz pollo cocido, cortado en cubitos
sal y pimienta recién molida
2 tallos de apio, en rodajas diagonales
3 rebanadas de piña, cortadas en trozos
120 ml/4 fl oz/½ taza de caldo de pollo
15 ml/1 cucharada de salsa de soja
10 ml/2 cucharadas de harina de maíz (fécula de maíz)
30 ml/2 cucharadas de agua

Calienta el aceite y fríe el pollo hasta que esté ligeramente dorado. Sazone con sal y pimienta, agregue el apio y saltee durante 2 minutos. Agregue la piña, el caldo y la salsa de soja y revuelva durante unos minutos hasta que se caliente por completo. Mezcle la harina de maíz y el agua hasta obtener una pasta, revuelva en la sartén y cocine a fuego lento, revolviendo, hasta que la salsa se aclare y espese.

Pollo Con Pimientos Y Tomates

Para 4 personas

45 ml/3 cucharadas de aceite de cacahuete (maní)
450 g/1 libra de pollo cocido, en rodajas
10 ml/2 cucharaditas de sal
5 ml/1 cucharadita de pimienta recién molida
1 pimiento verde, cortado en trozos
4 tomates grandes, pelados y cortados en gajos
250 ml/8 fl oz/1 taza de caldo de pollo
30 ml/2 cucharadas de harina de maíz (fécula de maíz)
15 ml/1 cucharada de salsa de soja
120 ml/4 fl oz/½ taza de agua

Calienta el aceite y fríe el pollo, sal y pimienta hasta que se dore. Agregue los pimientos y los tomates. Vierta el caldo, lleve a ebullición, cubra y cocine a fuego lento durante 15 minutos. Mezcle la harina de maíz, la salsa de soya y el agua hasta obtener una pasta, revuélvala en la sartén y cocine a fuego lento, revolviendo, hasta que la salsa se aclare y espese.

Pollo al sésamo

Para 4 personas

450 g/1 lb de pollo cocido, cortado en tiras
2 rebanadas de jengibre, finamente picado
1 cebolla tierna (cebollín), finamente picada
sal y pimienta recién molida
60 ml/4 cucharadas de vino de arroz o jerez seco
60 ml/4 cucharadas de aceite de sésamo
10 ml/2 cucharaditas de azúcar
5 ml/1 cucharadita de vinagre de vino
150 ml/¼ pt/½ taza generosa de salsa de soja

Coloque el pollo en un plato para servir y espolvoree con jengibre, cebolleta, sal y pimienta. Mezcle el vino o el jerez, el aceite de sésamo, el azúcar, el vinagre de vino y la salsa de soja. Vierta sobre el pollo.

Pollitos Fritos

Para 4 personas

2 poussins, partidos por la mitad
45 ml/3 cucharadas de salsa de soja
45 ml/3 cucharadas de vino de arroz o jerez seco
120 ml/4 fl oz/½ taza de aceite de maní (maní)
1 cebolla tierna (cebollín), finamente picada
30 ml/2 cucharadas de caldo de pollo
10 ml/2 cucharaditas de azúcar
5 ml/1 cucharadita de aceite de chile
5 ml/1 cucharadita de pasta de ajo
sal y pimienta

Coloque los poussins en un tazón. Mezclar la salsa de soja y el vino o jerez, verter sobre los poussins, tapar y marinar durante 2 horas, rociando con frecuencia. Calienta el aceite y fríe los poussins durante unos 20 minutos hasta que estén cocidos. Retírelos de la sartén y vuelva a calentar el aceite. Regresarlos a la sartén y freír hasta que estén dorados. Drene la mayor parte del aceite. Mezcle los ingredientes restantes, agréguelos a la sartén y caliente rápidamente. Verter sobre los poussins antes de servir.

pavo con tirabeques

Para 4 personas

60 ml/4 cucharadas de aceite de cacahuete (maní)

2 cebolletas (cebolletas), picadas

2 dientes de ajo, triturados

1 rodaja de raíz de jengibre, picada

225 g/8 oz de pechuga de pavo, cortada en tiras

225 g/8 oz de tirabeques (guisantes)

100 g/4 oz de brotes de bambú cortados en tiras

50 g/2 oz de castañas de agua, cortadas en tiras

45 ml/3 cucharadas de salsa de soja

15 ml/1 cucharada de vino de arroz o jerez seco

5 ml/1 cucharadita de azúcar

5 ml/1 cucharadita de sal

15 ml/1 cucharada de harina de maíz (fécula de maíz)

Calentar 45 ml/3 cucharadas de aceite y sofreír las cebolletas, el ajo y el jengibre hasta que estén ligeramente dorados. Agregue el pavo y saltee durante 5 minutos. Retire de la sartén y reserve. Calentar el aceite restante y sofreír los tirabeques, los brotes de bambú y las castañas de agua durante 3 minutos. Agregue la salsa de soya, el vino o jerez, el azúcar y la sal y regrese el pavo a la sartén. Sofreír durante 1 minuto. Mezcle la harina de maíz con un poco de agua, revuélvala en la sartén y cocine a fuego lento, revolviendo, hasta que la salsa se aclare y espese.

pavo con pimientos

Para 4 personas

4 hongos chinos secos
30 ml/2 cucharadas de aceite de maní (maní)
1 col china, cortada en tiras
350 g/12 oz pavo ahumado, cortado en tiras
1 cebolla, en rodajas
1 pimiento rojo, cortado en tiras
1 pimiento verde, cortado en tiras
120 ml/4 fl oz/½ taza de caldo de pollo
30 ml/2 cucharadas de puré de tomate (pasta)
45 ml/3 cucharadas de vinagre de vino
30 ml/2 cucharadas de salsa de soja
15 ml/1 cucharada de salsa hoisin
10 ml/2 cucharaditas de harina de maíz (fécula de maíz)
unas gotas de aceite de chile

Remoje los champiñones en agua tibia durante 30 minutos y luego escúrralos. Desechar los tallos y cortar los sombreros en tiras. Caliente la mitad del aceite y saltee el repollo durante unos 5 minutos o hasta que esté cocido. Retire de la sartén. Agregue el pavo y saltee durante 1 minuto. Agregue las verduras y saltee durante 3 minutos. Mezclar el caldo con el puré de tomate, el vinagre de vino y las salsas y añadir a la sartén con la col. Mezclar la harina de maíz con un poco de agua, remover en la sartén y llevar a ebullición removiendo. Rocíe con aceite de chile y cocine a fuego lento durante 2 minutos, revolviendo continuamente.

Pavo asado chino

Sirve 8–10

1 pavo pequeño
600 ml/1 pt/2½ tazas de agua caliente
10 ml/2 cucharaditas de pimienta de Jamaica
500 ml/16 fl oz/2 tazas de salsa de soya
5 ml/1 cucharadita de aceite de sésamo
10 ml/2 cucharaditas de sal
45 ml/3 cucharadas de mantequilla

Coloque el pavo en una cacerola y vierta sobre el agua caliente. Agregue los ingredientes restantes excepto la mantequilla y deje reposar durante 1 hora, dando vuelta varias veces. Retire el pavo del líquido y cepille con mantequilla. Colóquelo en una asadera, cúbralo sin apretar con papel de cocina y ase en un horno precalentado a 160 °C/325 °F/nivel de gas 3 durante unas 4 horas, rociándolo de vez en cuando con la salsa de soja líquida. Retira el papel aluminio y deja que la piel se dore durante los últimos 30 minutos de cocción.

Pavo con Nueces y Champiñones

Para 4 personas

450 g/1 lb de filete de pechuga de pavo

sal y pimienta

jugo de 1 naranja

15 ml/1 cucharada de harina normal (para todo uso)

12 nueces negras en escabeche con jugo

5 ml/1 cucharadita de harina de maíz (fécula de maíz)

15 ml/1 cucharada de aceite de cacahuete (maní)

2 cebolletas (cebolletas), picadas

225 g/8 oz de champiñones

45 ml/3 cucharadas de vino de arroz o jerez seco

10 ml/2 cucharaditas de salsa de soja

50 g/2 oz/½ taza de mantequilla

25 g/1 onza de piñones

Cortar el pavo en rodajas de 1 cm/½ de grosor. Espolvorear con sal, pimienta y jugo de naranja y espolvorear con harina. Escurrir y partir las nueces por la mitad, reservando el líquido, y mezclar el líquido con la maicena. Caliente el aceite y saltee el pavo hasta que esté dorado. Añadir las cebolletas y los champiñones y saltear durante 2 minutos. Agregue el vino o el jerez y la salsa de soja y cocine a fuego lento durante 30 segundos. Agregue las nueces a la mezcla de harina de maíz, luego revuélvalas en la sartén y deje hervir. Agregue la mantequilla en copos pequeños pero no deje que la mezcla hierva. Tostar los piñones en una sartén seca hasta que estén dorados. Transfiera la mezcla de pavo a un plato de servir caliente y sirva adornado con piñones.

Pato con Brotes de Bambú

Para 4 personas

6 hongos chinos secos

1 pato

50 g/2 oz de jamón ahumado cortado en tiras

100 g/4 oz de brotes de bambú cortados en tiras

2 cebolletas (cebolletas), cortadas en tiras

2 rodajas de raíz de jengibre, cortadas en tiras

5 ml/1 cucharadita de sal

Remoje los champiñones en agua tibia durante 30 minutos y luego escúrralos. Desechar los tallos y cortar los sombreros en tiras. Coloque todos los ingredientes en un recipiente resistente al calor y colóquelos en una cacerola llena de agua hasta llegar a las dos terceras partes del recipiente. Lleve a ebullición, cubra y cocine a fuego lento durante aproximadamente 2 horas hasta que el pato esté cocido, completando con agua hirviendo según sea necesario.

Pato con Brotes de Soja

Para 4 personas

225 g/8 oz de brotes de soja
45 ml/3 cucharadas de aceite de cacahuete (maní)
450 g/1 lb de carne de pato cocida
15 ml/1 cucharada de salsa de ostras
15 ml/1 cucharada de vino de arroz o jerez seco
30 ml/2 cucharadas de agua
2,5 ml/½ cucharadita de sal

Blanquear los brotes de soja en agua hirviendo durante 2 minutos y luego escurrir. Calienta el aceite, saltea los brotes de soja durante 30 segundos. Agregue el pato, saltee hasta que esté bien caliente. Agregue los ingredientes restantes y saltee durante 2 minutos para mezclar los sabores. Servir de una vez.

Pato estofado

Para 4 personas

4 cebolletas (cebolletas), picadas
1 rodaja de raíz de jengibre, picada
120 ml/4 fl oz/½ taza de salsa de soya
30 ml/2 cucharadas de vino de arroz o jerez seco
1 pato
120 ml/4 fl oz/½ taza de aceite de maní (maní)
600 ml/1 pt/2½ tazas de agua
15 ml/1 cucharada de azúcar moreno

Mezcle las cebolletas, el jengibre, la salsa de soja y el vino o el jerez y frótelo sobre el pato por dentro y por fuera. Calienta el aceite y fríe el pato hasta que esté ligeramente dorado por todos lados. Drene el aceite. Agregue el agua y la mezcla restante de salsa de soya, hierva, cubra y cocine a fuego lento durante 1 hora. Agregue el azúcar, cubra y cocine a fuego lento durante 40 minutos más hasta que el pato esté tierno.

Pato al vapor con apio

Para 4 personas

350 g/12 oz pato cocido, en rodajas
1 cabeza de apio
250 ml/8 fl oz/1 taza de caldo de pollo
2,5 ml/½ cucharadita de sal
5 ml/1 cucharadita de aceite de sésamo
1 tomate, cortado en gajos

Disponer el pato sobre una rejilla vaporera. Corte el apio en longitudes de 7,5 cm/3 pulgadas y colóquelo en una sartén. Vierta el caldo, sazone con sal y coloque la vaporera sobre la sartén. Lleve el caldo a ebullición y luego cocine a fuego lento durante unos 15 minutos hasta que el apio esté tierno y el pato bien caliente. Coloque el pato y el apio en un plato para servir caliente, espolvoree el apio con aceite de sésamo y sirva adornado con rodajas de tomate.

pato con jengibre

Para 4 personas

350 g/12 oz de pechuga de pato, en rodajas finas
1 huevo, ligeramente batido
5 ml/1 cucharadita de salsa de soja
5 ml/1 cucharadita de harina de maíz (fécula de maíz)
5 ml/1 cucharadita de aceite de cacahuete (maní)
aceite para freír
50 g/2 oz de brotes de bambú
50 g/2 oz tirabeques (guisantes)
2 rodajas de raíz de jengibre, picadas
15 ml/1 cucharada de agua
2,5 ml/½ cucharadita de azúcar
2,5 ml/½ cucharadita de vino de arroz o jerez seco
2,5 ml/½ cucharadita de aceite de sésamo

Mezclar el pato con el huevo, la salsa de soja, la maicena y el aceite y dejar reposar 10 minutos. Caliente el aceite y fría el pato y los brotes de bambú hasta que estén cocidos y dorados. Retirar de la sartén y escurrir bien. Vierta todo menos 15 ml/1 cucharada de aceite de la sartén y saltee el pato, los brotes de bambú, el tirabeques, el jengibre, el agua, el azúcar y el vino o el jerez durante 2 minutos. Servir espolvoreado con aceite de sésamo.

Pato con Judías Verdes

Para 4 personas

1 pato

60 ml/4 cucharadas de aceite de cacahuete (maní)

2 dientes de ajo, triturados

2,5 ml/½ cucharadita de sal

1 cebolla, picada

15 ml/1 cucharada de raíz de jengibre rallada

45 ml/3 cucharadas de salsa de soja

120 ml/4 fl oz/½ taza de vino de arroz o jerez seco

60 ml/4 cucharadas de salsa de tomate (ketchup)

45 ml/3 cucharadas de vinagre de vino

300 ml/½ pt/1¼ tazas de caldo de pollo

450 g/1 libra de judías verdes, en rodajas

pizca de pimienta recién molida

5 gotas de aceite de chile

15 ml/1 cucharada de harina de maíz (fécula de maíz)

30 ml/2 cucharadas de agua

Cortar el pato en 8 o 10 trozos. Calienta el aceite y fríe el pato hasta que esté dorado. Transfiera a un tazón. Agregue el ajo, la sal, la cebolla, el jengibre, la salsa de soya, el vino o jerez, la salsa de tomate y el vinagre de vino. Mezclar, tapar y marinar en el refrigerador por 3 horas.

Vuelva a calentar el aceite, agregue el pato, el caldo y la marinada, hierva, cubra y cocine a fuego lento durante 1 hora. Agregue los frijoles, cubra y cocine a fuego lento durante 15 minutos. Agregue la pimienta y el aceite de chile. Mezcle la harina de maíz con el agua, revuélvala en la sartén y cocine a fuego lento, revolviendo, hasta que la salsa espese.

Pato al vapor frito

Para 4 personas

1 pato
sal y pimienta recién molida
aceite para freír
salsa hoisin

Sazone el pato con sal y pimienta y colóquelo en un recipiente resistente al calor. Párese en una cacerola llena de agua hasta que llegue a dos tercios del recipiente, hierva, cubra y cocine a fuego lento durante aproximadamente 1 hora y media hasta que el pato esté tierno. Escurrir y dejar enfriar.

Calienta el aceite y fríe el pato hasta que esté crujiente y dorado. Retirar y escurrir bien. Picar en trozos pequeños y servir con salsa hoisin.

Pato con Frutas Exóticas

Para 4 personas

4 filetes de pechuga de pato, cortados en tiras
2,5 ml/½ cucharadita de cinco especias en polvo
30 ml/2 cucharadas de salsa de soja
15 ml/1 cucharada de aceite de sésamo
15 ml/1 cucharada de aceite de cacahuete (maní)
3 tallos de apio, en cubitos
2 rebanadas de piña, cortadas en cubitos
100 g/4 oz de melón cortado en cubitos
100 g/4 oz de lichis, cortados a la mitad
130 ml/4 fl oz/½ taza de caldo de pollo
30 ml/2 cucharadas de puré de tomate (pasta)
30 ml/2 cucharadas de salsa hoisin
10 ml/2 cucharaditas de vinagre de vino
pizca de azúcar moreno

Coloque el pato en un recipiente. Mezclar el polvo de cinco especias, la salsa de soja y el aceite de sésamo, verter sobre el pato y marinar durante 2 horas removiendo de vez en cuando. Calienta el aceite y saltea el pato durante 8 minutos. Retire de la sartén. Agregue el apio y las frutas y saltee durante 5 minutos. Regrese el pato a la sartén con los ingredientes restantes, hierva y cocine a fuego lento, revolviendo, durante 2 minutos antes de servir.

Pato Estofado con Hojas Chinas

Para 4 personas

1 pato

30 ml/2 cucharadas de vino de arroz o jerez seco

30 ml/2 cucharadas de salsa hoisin

15 ml/1 cucharada de harina de maíz (fécula de maíz)

5 ml/1 cucharadita de sal

5 ml/1 cucharadita de azúcar

60 ml/4 cucharadas de aceite de cacahuete (maní)

4 cebolletas (cebolletas), picadas

2 dientes de ajo, triturados

1 rodaja de raíz de jengibre, picada

75 ml/5 cucharadas de salsa de soja

600 ml/1 pt/2½ tazas de agua

225 g/8 oz de hojas chinas trituradas

Cortar el pato en unas 6 piezas. Mezcle el vino o el jerez, la salsa hoisin, la harina de maíz, la sal y el azúcar y frótelo sobre el pato. Dejar reposar durante 1 hora. Calentar el aceite y sofreír las cebolletas, el ajo y el jengibre durante unos segundos. Agregue el pato y fríalo hasta que esté ligeramente dorado por todos lados. Escurrir cualquier exceso de grasa. Vierta la salsa de soja y el agua, hierva, cubra y cocine a fuego lento durante unos 30 minutos. Agregue las hojas chinas, cubra nuevamente y cocine a fuego lento durante 30 minutos más hasta que el pato esté tierno.

pato borracho

Para 4 personas

2 cebolletas (cebolletas), picadas

2 dientes de ajo, picados

1,5 l/2½ pts/6 tazas de agua

1 pato

450 ml/¾ pt/2 tazas de vino de arroz o jerez seco

Coloque las cebolletas, el ajo y el agua en una cacerola grande y lleve a ebullición. Agregue el pato, vuelva a hervir, cubra y cocine a fuego lento durante 45 minutos. Escurrir bien, reservando el líquido para el caldo. Deje que el pato se enfríe y luego refrigere durante la noche. Corta el pato en trozos y colócalos en un frasco grande con tapa de rosca. Vierta sobre el vino o el jerez y enfríe durante aproximadamente 1 semana antes de escurrir y servir frío.

Pato de cinco especias

Para 4 personas

150 ml/¼ pt/½ taza generosa de vino de arroz o jerez seco
150 ml/¼ pt/½ taza generosa de salsa de soja
1 pato
10 ml/2 cucharaditas de cinco especias en polvo

Llevar a ebullición el vino o el jerez y la salsa de soja. Agregue el pato y cocine a fuego lento, dándole la vuelta durante unos 5 minutos. Retire el pato de la sartén y frote el polvo de cinco especias en la piel. Regrese el ave a la sartén y agregue suficiente agua para cubrir la mitad del pato. Lleve a ebullición, cubra y cocine a fuego lento durante aproximadamente 1 hora y media hasta que el pato esté tierno, volteándolo y rociándolo con frecuencia. Picar el pato en trozos de 5 cm/2 y servir caliente o frío.

Pato salteado con jengibre

Para 4 personas

1 pato
2 rebanadas de raíz de jengibre, ralladas
2 cebolletas (cebolletas), picadas
15 ml/1 cucharada de harina de maíz (fécula de maíz)
30 ml/2 cucharadas de salsa de soja
30 ml/2 cucharadas de vino de arroz o jerez seco
2,5 ml/½ cucharadita de sal
45 ml/3 cucharadas de aceite de cacahuete (maní)

Retire la carne de los huesos y córtela en trozos. Mezclar la carne con todos los ingredientes restantes excepto el aceite. Dejar reposar durante 1 hora. Calentar el aceite y sofreír el pato con el adobo durante unos 15 minutos hasta que el pato esté tierno.

Pato con Jamón y Puerros

Para 4 personas

1 pato

450 g/1 libra de jamón ahumado

2 puerros

2 rebanadas de raíz de jengibre, picadas

45 ml/3 cucharadas de vino de arroz o jerez seco

45 ml/3 cucharadas de salsa de soja

2,5 ml/½ cucharadita de sal

Coloque el pato en una sartén y cubra con agua fría. Llevar a ebullición, tapar y cocinar a fuego lento durante unos 20 minutos. Escurra y reserve 450 ml/¾ pts/2 tazas de caldo. Deje que el pato se enfríe un poco, luego corte la carne de los huesos y córtela en cuadrados de 5 cm/2. Cortar el jamón en trozos similares. Cortar trozos largos de puerro y enrollar una loncha de pato y jamón dentro de la hoja y atar con hilo. Colocar en un recipiente resistente al calor. Añadir el jengibre, el vino o jerez, la salsa de soja y la sal al caldo reservado y verterlo sobre los rollitos de pato. Coloque el recipiente en una cacerola llena de agua hasta dos tercios de los lados del recipiente. Llevar a ebullición, tapar y cocinar a fuego lento durante aproximadamente 1 hora hasta que el pato esté tierno.

Pato asado a la miel

Para 4 personas

1 pato

sal

3 dientes de ajo, machacados

3 cebolletas (cebolletas), picadas

45 ml/3 cucharadas de salsa de soja

45 ml/3 cucharadas de vino de arroz o jerez seco

45 ml/3 cucharadas de miel

200 ml/7 fl oz/escasa 1 taza de agua hirviendo

Seca el pato y frota con sal por dentro y por fuera. Mezcle el ajo, las cebolletas, la salsa de soja y el vino o el jerez, luego divida la mezcla por la mitad. Mezcle la miel en una mitad y frote sobre el pato y luego déjelo secar. Agregue el agua a la mezcla de miel restante. Vierta la mezcla de salsa de soja en la cavidad del pato y colóquelo sobre una rejilla en una asadera con un poco de agua en el fondo. Ase en un horno precalentado a 180 °C/350 °F/nivel de gas 4 durante unas 2 horas hasta que el pato esté tierno, rociándolo durante la cocción con la mezcla de miel restante.

Pato asado húmedo

Para 4 personas

6 cebolletas (cebolletas), picadas
2 rebanadas de raíz de jengibre, picadas
1 pato
2,5 ml/½ cucharadita de anís molido
15 ml/1 cucharada de azúcar
45 ml/3 cucharadas de vino de arroz o jerez seco
60 ml/4 cucharadas de salsa de soja
250 ml/8 fl oz/1 taza de agua

Coloque la mitad de las cebolletas y el jengibre en una sartén grande de base gruesa. Coloque el resto en la cavidad del pato y agréguelo a la sartén. Agregue todos los ingredientes restantes excepto la salsa hoisin, hierva, cubra y cocine a fuego lento durante aproximadamente 1½ horas, volteando ocasionalmente. Retire el pato de la sartén y déjelo secar durante unas 4 horas.

Coloque el pato sobre una rejilla en una asadera llena con un poco de agua fría. Asar en un horno precalentado a 230 °C/450 °F/marca de gas 8 durante 15 minutos, luego darle la vuelta y asar durante 10 minutos más hasta que esté crujiente. Mientras tanto, recalentar el líquido reservado y verter sobre el pato para servir.

Pato salteado con champiñones

Para 4 personas

1 pato

75 ml/5 cucharadas de aceite de maní (maní)

45 ml/3 cucharadas de vino de arroz o jerez seco

15 ml/1 cucharada de salsa de soja

15 ml/1 cucharada de azúcar

5 ml/1 cucharadita de sal

pizca de pimienta

2 dientes de ajo, triturados

225 g/8 oz de champiñones, cortados a la mitad

600 ml/1 pt/2½ tazas de caldo de pollo

15 ml/1 cucharada de harina de maíz (fécula de maíz)

30 ml/2 cucharadas de agua

5 ml/1 cucharadita de aceite de sésamo

Cortar el pato en trozos de 5 cm/2. Calentar 45 ml/3 cucharadas de aceite y freír el pato hasta que esté ligeramente dorado por todos lados. Añadir el vino o jerez, la salsa de soja, el azúcar, la sal y la pimienta y saltear durante 4 minutos. Retire de la sartén. Calienta el aceite restante y fríe el ajo hasta que esté ligeramente dorado. Agregue los champiñones y revuelva hasta que estén cubiertos de aceite, luego regrese la mezcla de pato a la sartén y agregue el caldo. Llevar a ebullición, tapar y cocinar a fuego lento durante aproximadamente 1 hora hasta que el pato esté tierno. Mezcle la harina de maíz y el agua hasta obtener una pasta, luego revuélvala en la mezcla y cocine a fuego lento, revolviendo, hasta que la salsa espese. Espolvorear con aceite de sésamo y servir.

Pato con Dos Champiñones

Para 4 personas

6 hongos chinos secos

1 pato

750 ml/1¼ pts/3 tazas de caldo de pollo

45 ml/3 cucharadas de vino de arroz o jerez seco

5 ml/1 cucharadita de sal

100 g/4 oz de brotes de bambú cortados en tiras

100 g/4 oz de champiñones

Remoje los champiñones en agua tibia durante 30 minutos y luego escúrralos. Deseche los tallos y corte las tapas por la mitad. Coloque el pato en un recipiente grande resistente al calor con el caldo, el vino o el jerez y la sal y colóquelo en una cacerola llena de agua hasta que llegue a dos tercios de los lados del recipiente. Llevar a ebullición, tapar y cocinar a fuego lento durante unas 2 horas hasta que el pato esté tierno. Retire de la sartén y corte la carne del hueso. Transfiera el líquido de cocción a una sartén aparte. Coloque los brotes de bambú y ambos tipos de champiñones en el fondo del recipiente para vapor, reemplace la carne de pato, cubra y cocine al vapor durante otros 30 minutos. Llevar el líquido de cocción a ebullición y verter sobre el pato para servir.

Pato Estofado Con Cebolla

Para 4 personas
4 hongos chinos secos
1 pato
90 ml/6 cucharadas de salsa de soja
60 ml/4 cucharadas de aceite de cacahuete (maní)
1 cebolla tierna (cebollín), picada
1 rodaja de raíz de jengibre, picada
45 ml/3 cucharadas de vino de arroz o jerez seco
450 g/1 libra de cebollas, en rodajas
100 g/4 oz de brotes de bambú, en rodajas
15 ml/1 cucharada de azúcar moreno

15 ml/1 cucharada de harina de maíz (fécula de maíz)
45 ml/3 cucharadas de agua

Remoje los champiñones en agua tibia durante 30 minutos y luego escúrralos. Deseche los tallos y corte las tapas. Frote 15 ml/1 cucharada de salsa de soja en el pato. Reservar 15 ml/1 cucharada de aceite, calentar el aceite restante y sofreír la cebolleta y el jengibre hasta que estén ligeramente dorados. Agregue el pato y fríalo hasta que esté ligeramente dorado por todos lados. Retire cualquier exceso de grasa. Agregue el vino o el jerez, la salsa de soja restante a la sartén y el agua suficiente para casi cubrir el pato. Lleve a ebullición, cubra y cocine a fuego lento durante 1 hora, volteando ocasionalmente.

Calienta el aceite reservado y fríe las cebollas hasta que se ablanden. Retire del fuego y agregue los brotes de bambú y los champiñones, luego agréguelos al pato, cubra y cocine a fuego lento durante otros 30 minutos hasta que el pato esté tierno. Retire el pato de la sartén, córtelo en porciones y colóquelo en un plato para servir caliente. Lleve a ebullición los líquidos de la cacerola, agregue el azúcar y la harina de maíz y cocine a fuego lento, revolviendo, hasta que la mezcla hierva y espese. Verter sobre el pato para servir.

Pato a la Naranja

Para 4 personas

1 pato
3 cebolletas (cebolletas), cortadas en trozos
2 rodajas de raíz de jengibre, cortadas en tiras
1 rodaja de piel de naranja
sal y pimienta recién molida

Coloque el pato en una cacerola grande, simplemente cubra con agua y deje hervir. Agregue las cebolletas, el jengibre y la cáscara de naranja, cubra y cocine a fuego lento durante aproximadamente 1 hora y media hasta que el pato esté tierno. Sazone con sal y pimienta, escurra y sirva.

Pato asado a la naranja

Para 4 personas

1 pato

2 dientes de ajo, partidos por la mitad

45 ml/3 cucharadas de aceite de cacahuete (maní)

1 cebolla

1 naranja

120 ml/4 fl oz/½ taza de vino de arroz o jerez seco

2 rebanadas de raíz de jengibre, picadas

5 ml/1 cucharadita de sal

Frote el ajo sobre el pato por dentro y por fuera y luego úntelo con aceite. Pinchar con un tenedor la cebolla pelada, colocarla junto con la naranja sin pelar dentro de la cavidad del pato y sellar con una brocheta. Coloque el pato sobre una rejilla sobre una fuente para horno llena con un poco de agua caliente y áselo en un horno precalentado a 160 °C/325 °F/nivel de gas 3 durante unas 2 horas. Deseche los líquidos y devuelva el pato a la asadera. Verter sobre el vino o el jerez y espolvorear con el jengibre y la sal. Regresar al horno por 30 minutos más. Deseche la cebolla y la naranja y corte el pato en trozos para servir. Vierta los jugos de la sartén sobre el pato para servir.

Pato con Peras y Castañas

Para 4 personas

225 g/8 oz castañas, sin cáscara

1 pato

45 ml/3 cucharadas de aceite de cacahuete (maní)

250 ml/8 fl oz/1 taza de caldo de pollo

45 ml/3 cucharadas de salsa de soja

15 ml/1 cucharada de vino de arroz o jerez seco

5 ml/1 cucharadita de sal

1 rodaja de raíz de jengibre, picada

1 pera grande, pelada y en rodajas gruesas

15 ml/1 cucharada de azúcar

Hervir las castañas durante 15 minutos y luego escurrir. Cortar el pato en trozos de 5 cm/2. Calienta el aceite y fríe el pato hasta que esté ligeramente dorado por todos lados. Escurra el exceso de aceite y luego agregue el caldo, la salsa de soya, el vino o jerez, la sal y el jengibre. Lleve a ebullición, cubra y cocine a fuego lento durante 25 minutos, revolviendo ocasionalmente. Agregue las castañas, cubra y cocine a fuego lento durante 15 minutos más. Espolvoree la pera con azúcar, agréguela a la sartén y cocine a fuego lento durante unos 5 minutos hasta que se caliente por completo.

Pato Pekín

Para 6

1 pato
250 ml/8 fl oz/1 taza de agua
120 ml/4 fl oz/½ taza de miel
120 ml/4 fl oz/½ taza de aceite de sésamo
Para los panqueques:
250 ml/8 fl oz/1 taza de agua
225 g/8 oz/2 tazas de harina normal (para todo uso)
aceite de maní (maní) para freír

Para las salsas:

120 ml/4 fl oz/½ taza de salsa hoisin

30 ml/2 cucharadas de azúcar moreno
30 ml/2 cucharadas de salsa de soja
5 ml/1 cucharadita de aceite de sésamo
6 cebolletas (cebolletas), rebanadas a lo largo
1 pepino, cortado en tiras

El pato debe estar entero con la piel intacta. Ate el cuello firmemente con una cuerda y cosa o pinche la abertura inferior. Corta una pequeña hendidura en el costado del cuello, inserta una pajilla y sopla aire debajo de la piel hasta que se infle. Suspender el pato sobre un cuenco y dejar reposar durante 1 hora.

Ponga a hervir una olla con agua, inserte el pato y hierva durante 1 minuto, luego retírelo y séquelo bien. Lleve el agua a ebullición y agregue la miel. Frote la mezcla sobre la piel de pato hasta que esté saturada. Cuelgue el pato sobre un recipiente en un lugar fresco y aireado durante unas 8 horas hasta que la piel esté dura.

Suspenda el pato o colóquelo sobre una rejilla sobre una asadera y áselo en un horno precalentado a 180 °C/350 °F/nivel de gas 4 durante aproximadamente 1 hora y media, rociándolo regularmente con aceite de sésamo.

Para hacer los panqueques, hierva el agua y luego agregue gradualmente la harina. Amasar ligeramente hasta que la masa esté suave, cubrir con un paño húmedo y dejar reposar durante 15 minutos. Estirar sobre una superficie enharinada y darle forma de cilindro largo. Cortar en rodajas de 2,5 cm/1 pulgada, luego aplanarlas hasta que tengan un grosor de unos 5 mm/¼ de pulgada y untar la parte superior con aceite. Apile en pares con las superficies aceitadas tocándose y espolvoree el exterior ligeramente con harina. Estire los pares a unos 10 cm/4 pulgadas de ancho y cocine en pares durante aproximadamente 1 minuto por cada lado hasta que estén ligeramente dorados. Separar y apilar hasta que esté listo para servir.

Prepara los dips mezclando la mitad de la salsa hoisin con el azúcar y mezclando el resto de la salsa hoisin con la salsa de soja y el aceite de sésamo.

Retire el pato del horno, quítele la piel y córtelo en cuadrados, y corte la carne en cubos. Disponer en platos separados y servir con las tortitas, dips y acompañamientos.

Pato Estofado Con Piña

Para 4 personas

1 pato

400 g/14 oz de trozos de piña enlatados en almíbar
45 ml/3 cucharadas de salsa de soja
5 ml/1 cucharadita de sal
pizca de pimienta recién molida

Coloque el pato en una cacerola de base gruesa, simplemente cubra con agua, hierva, cubra y cocine a fuego lento durante 1 hora. Escurra el jarabe de piña en la sartén con la salsa de soja, sal y pimienta, cubra y cocine a fuego lento durante 30 minutos más. Agregue los trozos de piña y cocine a fuego lento durante 15 minutos más hasta que el pato esté tierno.

Pato salteado con piña

Para 4 personas

1 pato
45 ml/3 cucharadas de harina de maíz (fécula de maíz)
45 ml/3 cucharadas de salsa de soja
225 g/8 oz piña enlatada en almíbar
45 ml/3 cucharadas de aceite de cacahuete (maní)
2 rodajas de raíz de jengibre, cortadas en tiras
15 ml/1 cucharada de vino de arroz o jerez seco
5 ml/1 cucharadita de sal

Cortar la carne del hueso y cortarla en trozos. Mezcle la salsa de soya con 30 ml/2 cucharadas de harina de maíz y mezcle con el pato hasta que esté bien cubierto. Dejar reposar durante 1 hora, revolviendo ocasionalmente. Triturar la piña y el almíbar y calentar a fuego lento en una sartén. Mezcle la harina de maíz restante con un poco de agua, revuelva en la sartén y cocine a fuego lento, revolviendo, hasta que la salsa espese. Manténgase caliente. Calentar el aceite y freír el jengibre hasta que esté ligeramente dorado y luego desechar el jengibre. Agregue el pato y saltee hasta que esté ligeramente dorado por todos lados. Añadir el vino o el jerez y la sal y saltear unos minutos más hasta que el pato esté cocido. Coloque el pato en un plato para servir caliente, vierta sobre la salsa y sirva de inmediato.

Pato de piña y jengibre

Para 4 personas

1 pato
100 g/4 oz jengibre en conserva en almíbar
200 g/7 oz de trozos de piña enlatados en almíbar
5 ml/1 cucharadita de sal
15 ml/1 cucharada de harina de maíz (fécula de maíz)
30 ml/2 cucharadas de agua

Coloque el pato en un recipiente resistente al calor y colóquelo en una cacerola llena de agua hasta que llegue a dos tercios de los lados del recipiente. Llevar a ebullición, tapar y cocinar a fuego lento durante unas 2 horas hasta que el pato esté tierno. Retirar el pato y dejar enfriar un poco. Retire la piel y el hueso y corte el pato en trozos. Colóquelos en un plato para servir y manténgalos calientes.

Escurra el almíbar del jengibre y la piña en una sartén, agregue la sal, la harina de maíz y el agua. Lleve a ebullición, revolviendo y cocine a fuego lento durante unos minutos, revolviendo, hasta que la salsa se aclare y espese. Agregue el jengibre y la piña, revuelva y vierta sobre el pato para servir.

Pato con Piña y Lichis

Para 4 personas

4 pechugas de pato
15 ml/1 cucharada de salsa de soja
1 diente de anís estrellado
1 rodaja de raíz de jengibre
aceite de maní (maní) para freír
90 ml/6 cucharadas de vinagre de vino

100 g/4 oz/½ taza de azúcar moreno
250 ml/8 fl oz/½ taza de caldo de pollo
15 ml/1 cucharada de salsa de tomate (ketchup)
200 g/7 oz de trozos de piña enlatados en almíbar
15 ml/1 cucharada de harina de maíz (fécula de maíz)
6 lichis enlatados
6 cerezas al marrasquino

Coloque los patos, la salsa de soja, el anís y el jengibre en una cacerola y cubra con agua fría. Llevar a ebullición, desnatar, luego tapar y cocinar a fuego lento durante unos 45 minutos hasta que el pato esté cocido. Escurrir y secar. Freír en abundante aceite caliente hasta que estén crujientes.

Mientras tanto, mezcle el vinagre de vino, el azúcar, el caldo, la salsa de tomate y 30 ml/2 cucharadas de sirope de piña en una cacerola, lleve a ebullición y cocine a fuego lento durante unos 5 minutos hasta que espese. Agregue la fruta y caliente antes de verter sobre el pato para servir.

Pato con Cerdo y Castañas

Para 4 personas
6 hongos chinos secos
1 pato

225 g/8 oz castañas, sin cáscara

225 g/8 oz de carne magra de cerdo, en cubos

3 cebolletas (cebolletas), picadas

1 rodaja de raíz de jengibre, picada

250 ml/8 fl oz/1 taza de salsa de soya

900 ml/1½ pts/3¾ tazas de agua

Remoje los champiñones en agua tibia durante 30 minutos y luego escúrralos. Deseche los tallos y corte las tapas. Coloque en una cacerola grande con todos los ingredientes restantes, hierva, cubra y cocine a fuego lento durante aproximadamente 1 hora y media hasta que el pato esté cocido.

Pato con Patatas

Para 4 personas

75 ml/5 cucharadas de aceite de maní (maní)

1 pato

3 dientes de ajo, machacados

30 ml/2 cucharadas de salsa de frijoles negros

10 ml/2 cucharaditas de sal

1,2 l/2 pts/5 tazas de agua

2 puerros, en rodajas gruesas

15 ml/1 cucharada de azúcar

45 ml/3 cucharadas de salsa de soja

60 ml/4 cucharadas de vino de arroz o jerez seco

1 diente de anís estrellado

900 g/2 libras de patatas, en rodajas gruesas

½ cabeza de hojas chinas

15 ml/1 cucharada de harina de maíz (fécula de maíz)

30 ml/2 cucharadas de agua

ramitas de perejil de hoja plana

Calentar 60 ml/4 cucharadas de aceite y freír el pato hasta que se dore por todos lados. Ate o cosa el extremo del cuello y coloque el pato, con el cuello hacia abajo, en un recipiente hondo. Calienta el aceite restante y fríe el ajo hasta que esté ligeramente dorado. Agregue la salsa de frijoles negros y la sal y fría durante 1 minuto. Añadir el agua, los puerros, el azúcar, la salsa de soja, el vino o jerez y el anís estrellado y llevar a ebullición. Vierta 120 ml/8 fl oz/1 taza de la mezcla en la cavidad del pato y ate o cosa para asegurar. Lleve a ebullición la mezcla restante en la sartén. Agregue el pato y las papas, cubra y cocine a fuego lento durante 40 minutos, volteando el pato una vez. Disponer las hojas chinas en un plato de servir. Retire el pato de la sartén, córtelo en trozos de 5 cm/2 y colóquelo en el plato de servir con las papas. Mezcle la harina de maíz hasta obtener una pasta con el agua, revuélvala en la sartén y cocine a fuego lento, revolviendo, hasta que la salsa espese.

Pato Cocido Rojo

Para 4 personas

1 pato
4 cebolletas (cebolletas), cortadas en trozos
2 rodajas de raíz de jengibre, cortadas en tiras
90 ml/6 cucharadas de salsa de soja

45 ml/3 cucharadas de vino de arroz o jerez seco
10 ml/2 cucharaditas de sal
10 ml/2 cucharaditas de azúcar

Coloque el pato en una cacerola pesada, simplemente cubra con agua y deje hervir. Agregue las cebolletas, el jengibre, el vino o el jerez y la sal, cubra y cocine a fuego lento durante aproximadamente 1 hora. Agregue el azúcar y cocine a fuego lento durante 45 minutos más hasta que el pato esté tierno. Cortar el pato en un plato para servir y servir caliente o frío, con o sin salsa.

Arroz Vino Pato Asado

Para 4 personas

1 pato
500 ml/14 fl oz/1¾ tazas de vino de arroz o jerez seco
5 ml/1 cucharadita de sal
45 ml/3 cucharadas de salsa de soja

Colocar el pato en una cazuela de fondo grueso con el jerez y la sal, llevar a ebullición, tapar y cocer a fuego lento durante 20 minutos. Escurrir el pato, reservar el líquido, y frotarlo con salsa de soja. Colóquelo sobre una rejilla en una asadera llena con un poco de agua caliente y ase en un horno precalentado a 180 °C/350 °F/nivel de gas 4 durante aproximadamente 1 hora, rociando regularmente con el vino líquido reservado.

Pato al Vapor con Vino de Arroz

Para 4 personas

1 pato
4 cebolletas (cebolletas), partidas por la mitad
1 rodaja de raíz de jengibre, picada

250 ml/8 fl oz/1 taza de vino de arroz o jerez seco
30 ml/2 cucharadas de salsa de soja
pizca de sal

Blanquear el pato en agua hirviendo durante 5 minutos y luego escurrir. Colocar en un recipiente resistente al calor con los ingredientes restantes. Coloque el recipiente en una cacerola llena de agua hasta que llegue a dos tercios de los lados del recipiente. Llevar a ebullición, tapar y cocinar a fuego lento durante unas 2 horas hasta que el pato esté tierno. Deseche las cebolletas y el jengibre antes de servir.

pato salado

Para 4 personas

45 ml/3 cucharadas de aceite de cacahuete (maní)

4 pechugas de pato

3 cebolletas (cebolletas), en rodajas

2 dientes de ajo, triturados

1 rodaja de raíz de jengibre, picada

250 ml/8 fl oz/1 taza de salsa de soya

30 ml/2 cucharadas de vino de arroz o jerez seco

30 ml/2 cucharadas de azúcar moreno

5 ml/1 cucharadita de sal

450 ml/¾ pt/2 tazas de agua

15 ml/1 cucharada de harina de maíz (fécula de maíz)

Calienta el aceite y fríe las pechugas de pato hasta que estén doradas. Añadir las cebolletas, el ajo y el jengibre y sofreír durante 2 minutos. Añadir la salsa de soja, el vino o el jerez, el azúcar y la sal y mezclar bien. Agregue el agua, lleve a ebullición, cubra y cocine a fuego lento durante aproximadamente 1 hora y media hasta que la carne esté muy tierna. Mezcle la harina de maíz con un poco de agua, luego revuélvala en la sartén y cocine a fuego lento, revolviendo, hasta que la salsa espese.

Pato salado con judías verdes

Para 4 personas

45 ml/3 cucharadas de aceite de cacahuete (maní)

4 pechugas de pato

3 cebolletas (cebolletas), en rodajas

2 dientes de ajo, triturados

1 rodaja de raíz de jengibre, picada

250 ml/8 fl oz/1 taza de salsa de soya

30 ml/2 cucharadas de vino de arroz o jerez seco

30 ml/2 cucharadas de azúcar moreno

5 ml/1 cucharadita de sal

450 ml/¾ pt/2 tazas de agua

225 g/8 oz judías verdes

15 ml/1 cucharada de harina de maíz (fécula de maíz)

Calienta el aceite y fríe las pechugas de pato hasta que estén doradas. Añadir las cebolletas, el ajo y el jengibre y sofreír durante 2 minutos. Añadir la salsa de soja, el vino o el jerez, el azúcar y la sal y mezclar bien. Agregue el agua, lleve a ebullición, cubra y cocine a fuego lento durante unos 45 minutos. Agregue los frijoles, cubra y cocine a fuego lento durante 20 minutos más. Mezcle la harina de maíz con un poco de agua, luego revuélvala en la sartén y cocine a fuego lento, revolviendo, hasta que la salsa espese.

Pato a fuego lento

Para 4 personas

1 pato

50 g/2 oz/½ taza de harina de maíz (fécula de maíz)

aceite para freír

2 dientes de ajo, triturados

30 ml/2 cucharadas de vino de arroz o jerez seco

30 ml/2 cucharadas de salsa de soja

5 ml/1 cucharadita de raíz de jengibre rallada

750 ml/1 ¼ pts/3 tazas de caldo de pollo

4 hongos chinos secos

225 g/8 oz de brotes de bambú, en rodajas

225 g/8 oz castañas de agua, rebanadas

10 ml/2 cucharaditas de azúcar

pizca de pimienta

5 cebolletas (cebolletas), en rodajas

Cortar el pato en trozos del tamaño de una porción. Reserve 30 ml/2 cucharadas de harina de maíz y cubra el pato con la harina de maíz restante. Desempolve el exceso. Calienta el aceite y fríe el ajo y el pato hasta que estén ligeramente dorados. Retirar de la sartén y escurrir sobre papel de cocina. Coloque el pato en una sartén grande. Mezcle el vino o el jerez, 15 ml/1 cucharada de salsa de soja y el jengibre. Añadir a la sartén y cocinar a fuego alto durante 2 minutos. Agregue la mitad del caldo, lleve a ebullición, cubra y cocine a fuego lento durante aproximadamente 1 hora hasta que el pato esté tierno.

Mientras tanto, remoje los champiñones en agua tibia durante 30 minutos y luego escúrralos. Deseche los tallos y corte las tapas. Agregue los champiñones, los brotes de bambú y las castañas de agua al pato y cocine, revolviendo con frecuencia, durante 5 minutos. Retire cualquier grasa del líquido. Mezcle el resto del caldo, la harina de maíz y la salsa de soya con el azúcar y la pimienta y revuelva en la sartén. Llevar a ebullición, revolviendo, luego cocine a fuego lento durante unos 5 minutos hasta que la salsa espese. Transfiera a un tazón de servir caliente y sirva adornado con cebolletas.

Pato salteado

Para 4 personas

1 clara de huevo, ligeramente batida

20 ml/1½ cucharadas de harina de maíz (fécula de maíz)

sal

450 g/1 lb de pechugas de pato, en rodajas finas

45 ml/3 cucharadas de aceite de cacahuete (maní)

2 cebolletas (cebolletas), cortadas en tiras

1 pimiento verde, cortado en tiras

5 ml/1 cucharadita de vino de arroz o jerez seco

75 ml/5 cucharadas de caldo de pollo

2,5 ml/½ cucharadita de azúcar

Batir la clara de huevo con 15 ml/1 cucharada de harina de maíz y una pizca de sal. Agregue el pato en rodajas y mezcle hasta que el pato esté cubierto. Calienta el aceite y fríe el pato hasta que esté cocido y dorado. Retire el pato de la sartén y escurra todo menos 30 ml/2 cucharadas de aceite. Añadir las cebolletas y el pimiento y saltear durante 3 minutos. Añadir el vino o el jerez, el caldo y el azúcar y llevar a ebullición. Mezcle la harina de maíz restante con un poco de agua, revuélvala en la salsa y cocine a fuego lento, revolviendo, hasta que la salsa espese. Agregue el pato, caliente y sirva.

Pato con Patatas Dulces

Para 4 personas

1 pato
250 ml/8 fl oz/1 taza de aceite de maní
225 g/8 oz batatas, peladas y en cubos
2 dientes de ajo, triturados
1 rodaja de raíz de jengibre, picada
2,5 ml/½ cucharadita de canela
2,5 ml/½ cucharadita de clavo molido
pizca de anís molido
5 ml/1 cucharadita de azúcar
15 ml/1 cucharada de salsa de soja
250 ml/8 fl oz/1 taza de caldo de pollo
15 ml/1 cucharada de harina de maíz (fécula de maíz)
30 ml/2 cucharadas de agua

Cortar el pato en trozos de 5 cm/2. Calentar el aceite y freír las patatas hasta que estén doradas. Retirarlos de la sartén y escurrir todo menos 30 ml/2 cucharadas de aceite. Agregue el ajo y el jengibre y saltee durante 30 segundos. Agregue el pato y fríalo hasta que esté ligeramente dorado por todos lados. Añadir las especias, el azúcar, la salsa de soja y el caldo y llevar a ebullición. Agregue las papas, cubra y cocine a fuego lento durante unos 20 minutos hasta que el pato esté tierno. Mezcle la harina de maíz hasta obtener una pasta con el agua, luego revuélvala en la sartén y cocine a fuego lento, revolviendo, hasta que la salsa espese.

Pato agridulce

Para 4 personas

1 pato

1.2 l/2 pts/5 tazas de caldo de pollo

2 cebollas

2 zanahorias

2 dientes de ajo, en rodajas

15 ml/1 cucharada de especias para encurtir

10 ml/2 cucharaditas de sal

10 ml/2 cucharaditas de aceite de cacahuete (maní)

6 cebolletas (cebolletas), picadas

1 mango, pelado y en cubos

12 lichis, a la mitad

15 ml/1 cucharada de harina de maíz (fécula de maíz)

15 ml/1 cucharada de vinagre de vino

10 ml/2 cucharaditas de puré de tomate (pasta)

15 ml/1 cucharada de salsa de soja

5 ml/1 cucharadita de polvo de cinco especias

300 ml/½ pt/1 ¼ tazas de caldo de pollo

Coloque el pato en una canasta de vapor sobre una sartén que contenga el caldo, las cebollas, las zanahorias, el ajo, las especias para encurtir y la sal. Tape y cocine al vapor durante 2½ horas.

Enfríe el pato, cubra y enfríe durante 6 horas. Retire la carne de los huesos y córtela en cubos. Calienta el aceite y fríe el pato y las cebolletas hasta que estén crujientes. Agregue los ingredientes restantes, lleve a ebullición y cocine a fuego lento durante 2 minutos, revolviendo, hasta que la salsa espese.

pato mandarina

Para 4 personas

1 pato
60 ml/4 cucharadas de aceite de cacahuete (maní)
1 trozo de cáscara de mandarina seca
900 ml/1½ pts/3¾ tazas de caldo de pollo
5 ml/1 cucharadita de sal

Cuelga el pato para que se seque durante 2 horas. Calienta la mitad del aceite y fríe el pato hasta que esté ligeramente dorado. Transfiera a un tazón grande resistente al calor. Calienta el aceite restante y fríe la cáscara de mandarina durante 2 minutos y luego colócala dentro del pato. Vierta el caldo sobre el pato y sazone con sal. Coloque el tazón sobre una rejilla en una vaporera, cubra y cocine al vapor durante aproximadamente 2 horas hasta que el pato esté tierno.

Pato con Verduras

Para 4 personas

1 pato grande, picado en 16 piezas

sal

300 ml/½ pinta/1 ¼ tazas de agua

300 ml/½ pt/1 ¼ tazas de vino blanco seco

120 ml/4 fl oz/½ taza de vinagre de vino

45 ml/3 cucharadas de salsa de soja

30 ml/2 cucharadas de salsa de ciruelas

30 ml/2 cucharadas de salsa hoisin

5 ml/1 cucharadita de polvo de cinco especias

6 cebolletas (cebolletas), picadas

2 zanahorias, picadas

5 cm/2 de rábano blanco picado

50 g/2 oz de repollo chino cortado en cubitos

pimienta recién molida

5 ml/1 cucharadita de azúcar

Poner los trozos de pato en un bol, espolvorear con sal y añadir el agua y el vino. Agregue el vinagre de vino, la salsa de soja, la salsa de ciruelas, la salsa hoisin y el polvo de cinco especias, hierva, cubra y cocine a fuego lento durante aproximadamente 1 hora. Agregue las verduras a la sartén, retire la tapa y cocine a fuego lento durante 10 minutos más. Sazonar con sal, pimienta y azúcar y dejar enfriar. Cubra y refrigere durante la noche. Retire la grasa y luego vuelva a calentar el pato en la salsa durante 20 minutos.

Pato salteado con verduras

Para 4 personas

4 hongos chinos secos

1 pato

10 ml/2 cucharaditas de harina de maíz (fécula de maíz)

15 ml/1 cucharada de salsa de soja

45 ml/3 cucharadas de aceite de cacahuete (maní)

100 g/4 oz de brotes de bambú cortados en tiras

50 g/2 oz de castañas de agua, cortadas en tiras

120 ml/4 fl oz/½ taza de caldo de pollo

15 ml/1 cucharada de vino de arroz o jerez seco

5 ml/1 cucharadita de sal

Remoje los champiñones en agua tibia durante 30 minutos y luego escúrralos. Desechar los tallos y cortar en dados los sombreros. Retire la carne de los huesos y córtela en trozos. Mezclar la harina de maíz y la salsa de soja, añadir a la carne de pato y dejar reposar durante 1 hora. Calienta el aceite y fríe el pato hasta que esté ligeramente dorado por todos lados. Retire de la sartén. Agregue los champiñones, los brotes de bambú y las castañas de agua a la sartén y saltee durante 3 minutos. Agregue el caldo, el vino o el jerez y la sal, lleve a ebullición y cocine a fuego lento durante 3 minutos. Regrese el pato a la sartén, cubra y cocine a fuego lento durante otros 10 minutos hasta que el pato esté tierno.

Pato Cocido Blanco

Para 4 personas

1 rodaja de raíz de jengibre, picada
250 ml/8 fl oz/1 taza de vino de arroz o jerez seco
sal y pimienta recién molida
1 pato
3 cebolletas (cebolletas), picadas
5 ml/1 cucharadita de sal
100 g/4 oz de brotes de bambú, en rodajas
100 g/4 oz de jamón ahumado, rebanado

Mezclar el jengibre, 15 ml/1 cucharada de vino o jerez, un poco de sal y pimienta. Frotar sobre el pato y dejar reposar durante 1 hora. Colocar el ave en una cazuela de fondo grueso con el adobo y añadir las cebolletas y la sal. Agregue suficiente agua fría solo para cubrir el pato, hierva, cubra y cocine a fuego lento durante aproximadamente 2 horas hasta que el pato esté tierno. Agregue los brotes de bambú y el jamón y cocine a fuego lento durante 10 minutos más.

Pato al Vino

Para 4 personas

1 pato
15 ml/1 cucharada de salsa de frijoles amarillos
1 cebolla, en rodajas
1 botella de vino blanco seco

Frote el pato por dentro y por fuera con la salsa de frijoles amarillos. Coloque la cebolla dentro de la cavidad. Lleve el vino a ebullición en una cacerola grande, agregue el pato, vuelva a hervir, cubra y cocine a fuego lento lo más suavemente posible durante unas 3 horas hasta que el pato esté tierno. Escurrir y cortar para servir.

Pato al vapor de vino

Para 4 personas

1 pato
sal de apio
200 ml/7 fl oz/escasos 1 taza de vino de arroz o jerez seco
30 ml/2 cucharadas de perejil fresco picado

Frote el pato con sal de apio por dentro y por fuera y colóquelo en una fuente para horno profunda. Coloque una taza resistente al horno que contenga el vino en la cavidad del pato. Coloque el plato sobre una rejilla en una vaporera, cubra y cocine al vapor sobre agua hirviendo durante aproximadamente 2 horas hasta que el pato esté tierno.

faisán frito

Para 4 personas

900 g/2 libras de faisán
30 ml/2 cucharadas de salsa de soja
4 huevos batidos
120 ml/4 fl oz/½ taza de aceite de maní (maní)

Deshuesar el faisán y trocear la carne. Mezclar con la salsa de soja y dejar reposar durante 30 minutos. Escurrir el faisán y luego sumergirlo en los huevos. Calienta el aceite y fríe el faisán rápidamente hasta que esté dorado. Escurrir bien antes de servir.

Faisán con Almendras

Para 4 personas

45 ml/3 cucharadas de aceite de cacahuete (maní)

2 cebolletas (cebolletas), picadas

1 rodaja de raíz de jengibre, picada

225 g/8 oz faisán, en rodajas muy finas

50 g/2 oz de jamón, desmenuzado

30 ml/2 cucharadas de salsa de soja

30 ml/2 cucharadas de vino de arroz o jerez seco

5 ml/1 cucharadita de azúcar

5 ml/1 cucharadita de pimienta recién molida

2,5 ml/½ cucharadita de sal

100 g/4 oz/1 taza de almendras en hojuelas

Calienta el aceite y fríe las cebolletas y el jengibre hasta que estén ligeramente dorados. Agregue el faisán y el jamón y saltee durante 5 minutos hasta que esté casi cocido. Añadir la salsa de soja, el vino o jerez, el azúcar, la pimienta y la sal y saltear durante 2 minutos. Agregue las almendras y saltee durante 1 minuto hasta que los ingredientes estén bien mezclados.

Ciervo con Hongos Secos

Para 4 personas

8 hongos chinos secos
450 g/1 lb filete de venado, cortado en tiras
15 ml/1 cucharada de bayas de enebro, molidas
15 ml/1 cucharada de aceite de sésamo
30 ml/2 cucharadas de salsa de soja
30 ml/2 cucharadas de salsa hoisin
5 ml/1 cucharadita de polvo de cinco especias
30 ml/2 cucharadas de aceite de maní (maní)
6 cebolletas (cebolletas), picadas
30 ml/2 cucharadas de miel
30 ml/2 cucharadas de vinagre de vino

Remoje los champiñones en agua tibia durante 30 minutos y luego escúrralos. Deseche los tallos y corte las tapas. Coloque el venado en un bol. Mezcle las bayas de enebro, el aceite de sésamo, la salsa de soja, la salsa hoisin y el polvo de cinco especias, vierta sobre el venado y deje marinar durante al menos 3 horas, revolviendo ocasionalmente. Calienta el aceite y saltea la carne durante 8 minutos hasta que esté cocida. Retire de la sartén. Agregue las cebolletas y los champiñones a la sartén y saltee durante 3 minutos. Regrese la carne a la sartén con la miel y el vinagre de vino y caliente, revolviendo.

huevos salados

Hace 6

1,2 l/2 pts/5 tazas de agua
100 g/4 onzas de sal de roca
6 huevos de pato

Llevar a ebullición el agua con la sal y remover hasta que la sal se haya disuelto. Dejar enfriar. Vierta el agua salada en un frasco grande, agregue los huevos, cubra y deje reposar durante 1 mes. Hervir los huevos antes de cocerlos al vapor con arroz.

huevos de soja

Para 4 personas

4 huevos

120 ml/4 fl oz/½ taza de salsa de soya

120 ml/4 fl oz/½ taza de agua

50 g/2 oz/¼ taza de azúcar moreno

½ cabeza de lechuga, rallada

2 tomates, en rodajas

Coloque los huevos en una cacerola, cubra con agua fría, lleve a ebullición y hierva durante 10 minutos. Escurrir y enfriar bajo el chorro de agua. Regrese los huevos a la sartén y agregue la salsa de soya, el agua y el azúcar. Llevar a ebullición, tapar y cocinar a fuego lento durante 1 hora. Disponer la lechuga en un plato de servir. Corta los huevos en cuartos y colócalos encima de la lechuga. Servir adornado con tomates.

huevos de te

Sirve 4–6

6 huevos
10 ml/2 cucharaditas de sal
3 bolsitas de té chino
45 ml/3 cucharadas de salsa de soja
1 diente de anís estrellado, partido en pedazos

Coloque los huevos en una cacerola, cubra con agua fría, luego hierva lentamente y cocine a fuego lento durante 15 minutos. Retire del fuego y coloque los huevos en agua fría hasta que se enfríen. Dejar reposar durante 5 minutos. Retire los huevos de la sartén y rompa suavemente las cáscaras, pero no los quite. Regrese los huevos a la sartén y cubra con agua fría. Agregue los ingredientes restantes, lleve a ebullición y cocine a fuego lento durante 1 hora y media. Enfriar y quitar la cáscara.

flan de huevo

Para 4 personas

4 huevos batidos

375 ml/13 fl oz/1½ tazas de caldo de pollo

2,5 ml/½ cucharadita de sal

1 cebolla tierna (cebollín), picada

100 g/4 oz de gambas peladas, picadas en trozos grandes

15 ml/1 cucharada de salsa de soja

15 ml/1 cucharada de aceite de cacahuete (maní)

Mezcle todos los ingredientes excepto el aceite en un recipiente hondo y coloque el recipiente en una asadera llena con 2,5 cm/1 pulgada de agua. Tape y cocine al vapor durante 15 minutos. Calentar el aceite y verterlo sobre la crema pastelera. Tape y cocine al vapor durante otros 15 minutos.

huevos al vapor

Para 4 personas

250 ml/8 fl oz/1 taza de caldo de pollo
4 huevos, ligeramente batidos
15 ml/1 cucharada de vino de arroz o jerez seco
5 ml/1 cucharadita de aceite de cacahuete (maní)
2,5 ml/½ cucharadita de sal
2,5 ml/½ cucharadita de azúcar
2 cebolletas (cebolletas), picadas
15 ml/1 cucharada de salsa de soja

Batir los huevos ligeramente con el vino o jerez, el aceite, la sal, el azúcar y las cebolletas. Caliente el caldo, luego revuélvalo lentamente en la mezcla de huevo y viértalo en una fuente para horno poco profunda. Coloque el plato sobre una rejilla en una vaporera, cubra y cocine al vapor durante aproximadamente 30 minutos sobre agua hirviendo a fuego lento hasta que la mezcla tenga la consistencia de una crema espesa. Espolvorear con salsa de soja antes de servir.

www.ingramcontent.com/pod-product-compliance
Lightning Source LLC
Chambersburg PA
CBHW071236080526
44587CB00013BA/1638